Jenseits von Freiheit

Gespräche mit Sri Nisargadatta Maharaj

www.lotus-press.com

Das vorlieg[illegible] so[illegible] erarbeitet worden. Dennoch erfolgen alle Angaben ohne Gewähr. Weder Autor noch Verlag können für eventuelle Nachteile oder Schäden, die aus den im Buch gemachten praktischen Hinweisen resultieren, keine Haftung übernehmen.

Impressum

Nisargadatta Maharaj: Jenseits von Freiheit – Gespräche mit Sri Nisargadatta Maharaj

Herausgegeben von Maria Jory
Erstmals veröffentlicht: 2007 in Indien von
Yogi Impressions Books Pvt. Ltd. 1711, Centre 1, World Trade Centre, Cuffe Parade, Mumbai 400 005, India, Website: www.yogiimpressions.com

2. überarbeitete Ausgabe

Übersetzung: Heiner Siegelmann
Satz und Cover: Andreas Seebeck

ISBN Paperback 978-3-935367-49-3
ISBN eBook 978-3-935367-99-8
ISBN Kindle eBook 978-3-935367-98-1

www.lotus-press.com

Inhaltsverzeichnis

Vor ungefähr vier Jahren sprach ich mit Maurice Friedman, der meine Gespräche in dem Buch „I Am That“ herausgegeben hatte, wobei er gewisse Aspekte hervorgehoben und seine eigenen Ansichten mit eingebracht hatte. Dieses Buch und was auch immer zu dem bestimmten Zeitpunkt darin ausgedrückt worden ist, war lediglich für den Moment von Bedeutung. Jetzt drücke ich es anders aus und auch das hätte aufgezeichnet und veröffentlicht werden sollen, denn es ist detaillierter und hebt andere Aspekte hervor.

Sri Nisargadatta Maharaj

Vorwort des Herausgebers der deutschen Erstausgabe

Ich danke dem Yogi-Impressions Verlag aus Indien für die Rechte an der deutschen Ausgabe von „Beyond Freedom“!

Den Lektoren Marcus Stegmaier, Daniela Stuhlmacher und Anke Homrighausen für ihre aufmerksame Sichtung des Textes.

Frau Tanja Thesing für die gestalterische Umsetzung meiner Buchideen.

Dank gebührt insbesondere dem Übersetzer Heiner Siegelmann, der die Worte Maharajs lebhaft und durchdringend werden lässt. Als langjähriger Schüler von Maharaj als auch von Ramesh, haucht er dem deutschen Text Leben ein, ganz so, wie wohl Maharaj seine Anhängerschaft zu berühren und tief im Inneren zu erreichen vermochte.

Mein größter Dank gilt allerdings Maharaj selbst. Die Kraft und Tiefe seiner Worte erreichen mein Herz derartig, dass sie mich erbeben lassen. Als sei der Guru selbst präsent und die universelle Kraft gleich dazu.

Genießen Sie, liebe Leser, dieses Buch als zutiefst spirituell und beeinflussend!

Ihr Joachim Stuhlmacher, Lotus-Press

Anmerkungen des Herausgebers

Die Weisheitslehren des legendären Weisen Sri Nisargadatta Maharaj haben meine Ansichten über das Leben zutiefst beeinflusst. Ich kann immer nur wenige Absätze seiner Lehren lesen und schon durchdringt mich eine solche Ruhe, dass ich einfach nicht weiterlesen kann.

Ich staune und bewundere immer wieder, wie sich dieser „Kosmische Plan“ entfaltet. Dieser „Plan“ ist wie immer unabhängig und vollkommen – trotz unserer Involvierung – und dazu gehören auch die vielen Übereinstimmungen und Auslöser, die den Ereignissen vorausgehen. Ich hatte bereits von Maharajs Übersetzer und Freund Saumitra Mullarpattan gehört und hatte versucht, ihn aufzustöbern, doch bislang ohne jeden Erfolg. Das Leben hat mir gezeigt, dass es sinnlos ist, wenn Situationen festgefahren sind, die Teile eines Puzzles mit Gewalt zusammenfügen zu wollen. Wenn die Dinge sich natürlich fügen, entfaltet sich das Leben spontan und ohne jede Anstrengung. In diesem Fall wollte ich noch einen letzten Versuch unternehmen und suchte meine guten Freunde Chaitan Balsekar und seine schöne Frau Neela auf, um zu sehen, ob sie mir weiterhelfen könnten. Chaitan, in seiner für ihn typischen Art von Hilfsbereitschaft, rief seinen Freund Mullarpattan an und ich bekam eine Einladung zum Tee am späteren Nachmittag.

Ein paar Tage später hatte ich ein Gespräch mit einem Verleger, Gautam Sachdeva, bevor der *Satsang* mit Ramesh, der ebenfalls Nisargadatta übersetzt hatte, begann. Wir hatten beide unabhängig voneinander den Wunsch, ein Buch über Maharaj herauszugeben. Als ich Mullarpattan von diesem Plan erzählte, gab er uns großzügigerweise zehn Tonbandaufnahmen von Nisargadattas Gesprächen mit Suchenden während seiner letzten zwei Lebensjahre.

Die Aufnahmen waren voll mit den „Geräuschen von Indien“: der Lärm des Verkehrs, laute Musik, Hundegebell, Schreinerarbeiten und, nicht zu vergessen, die verschiedenen Vögel, die auch während Maharajs *Satsang* um die Wette zwitscherten. All das machte es sehr schwer, die Gespräche zu verstehen. Ich spreche kein Marathi und trotzdem war es sehr belebend, die Leidenschaft und Energie in Maharajs Stimme wahrzunehmen. Wundersamerweise verstand ich gelegentlich sogar, was er sagte!

Mullarpattans Übersetzung von Maharajs Worten war exzellent. Fraglos war das eine sehr schwierige Aufgabe, denn Maharaj sprach oft recht lange, bevor es möglich war, zu übersetzen. Es war offensichtlich unmöglich, die Gespräche Wort für Wort zu übersetzen und daher musste ich jemanden finden, der Marathi sprach und Wort für Wort übersetzen konnte, was Maharaj auf den Tonbändern sagte. Ein weiteres Mal besprach ich mein Problem mit Chaitan und Neela Balsekar und stellte mit großer Freude und Erleichterung fest, dass Neela perfekt Marathi sprach und mir gerne zusammen mit Chaitan helfen wollte, die Tonbänder Wort für Wort zu übersetzen.

Diese Tonbandaufnahmen niederzuschreiben und zu übersetzen, hat mir große Freude bereitet. In all diesen Monaten täglich die Kapitel zu verfeinern, ließ Maharajs Konzept unaufhörlich immer tiefer in mich eindringen und es ist somit zu einem Teil von mir geworden. Es war mein ernsthafter Wunsch beim Editieren dieses Buches die Worte Maharajs während der Gespräche möglichst genau wiederzugeben. Um Maharajs unverwechselbare Ausdrucksweise zu erhalten, habe ich ein

Englisch gewählt, das manche als zu simpel bezeichnen mögen. Ich war mir bewusst, dass vieles durch eine zu übereifrige Übersetzung verloren gehen konnte. Es war recht ermutigend, den Kommentar meiner Tochter zu hören, dass sie nirgendwo in der Editierung dieses Buches meinen Schreibstil wiederfand.

Meine Künstlerfreunde Trevor und Tim Gainey haben das Foto-Gemälde von Maharaj auf dem Umschlag dieses Buches kreiert (Aus Gründen des Urheberrechtes können wir dieses Bild nicht abdrucken. Es ist das Coverbild des englischen Originals „Beyond Freedom" von Sri Nisargadatta Maharaj). Als ich ihnen erklärte, dass ich es für dieses Buch ausgewählt hatte, erwiderten sie, „dass sie sehr glücklich darüber seien, dass Menschen ihr Werk sehen könnten, da es eine sehr kraftvolle Erfahrung für sie gewesen sei, es zu malen." Ihnen gilt meine tiefe Wertschätzung für ihr eindrucksvolles Bild.

Ich möchte Saumitra Mullarpatan meinen Dank für seine Freundlichkeit aussprechen, uns das Material für dieses Buch zur Verfügung zu stellen, und auch für seine Gastfreundschaft während unserer Besuche.

Mein Dank auch an Gautam Sachdeva von *Yogi Impressions* für seine Unterstützung und Ermutigung während des Editierens dieses Buches.

Mein ganz besonderer Dank geht an Chaitan Balsekar und seine Frau Neela für ihre Freundschaft, Unterstützung und unschätzbare Übersetzungsarbeit, ohne die dieses Buch niemals erschienen wäre.

Ein großes Dankeschön auch an meine Tochter Racquel für ihr Korrekturlesen des redigierten Manuskripts und ihre unaufhörliche Unterstützung, die sie mir immer gegeben hat.

Nicht zuletzt mein aufrichtiger Dank an Sri Nisargadatta Maharaj, dass er diesen Körper-Verstand als ein Instrument benutzt hat, um die Tonbänder seiner Gespräche in ein Buch zu transformieren. Aus diesem Grund bietet sich für jeden, der dieses Buch liest, die lebensverändernde Möglichkeit, die Essenz und die Ausstrahlung dieses großen Meisters zu erfahren.

Maria Jory
Oktober 2006

Vorwort

Wenn ich auf die Ereignisse zurückschaue, die zur Veröffentlichung dieses Buches geführt haben, dann sind sie eine Bestätigung dafür, dass das geschehen muss, was die QUELLE bestimmt hat.

Als ich letztes Jahr zufällig heraus fand, dass sich der *Samadhi* des Gurus von Sri Nisargadatta Maharaj in der Nähe meines Wohnsitzes im Süden von Mumbai befand, entschloss ich mich, ihn am Wochenende aufzusuchen. Ich war sehr überrascht, als ich feststellte, dass sich der *Samadhi* im Banganga Einäscherungsareal befand. Doch dann kam mir der Gedanke, dass mich Maharajs Lehre „Du bist nicht dein Körper" tatsächlich an keinen besseren Ort als diesen hätte führen können. Dieser Ort strahlte Frieden und Ruhe aus und vom Meer wehte eine sanfte Brise herüber.

In der Nähe des *Samadhis* saß ein alter Mann und als ich ihn in ein Gespräch verwickelte, fand ich heraus, dass er gelegentlich an Maharajs *Satsang* teilgenommen hatte. Ich fragte ihn, ob es Gespräche von Maharaj gab, die bislang noch nicht veröffentlicht wurden, denn während all der Jahre waren höchstwahrscheinlich Tonbandaufnahmen gemacht worden. „Keine Ahnung", erwiderte er mir, aber er wusste von einer Person namens Mullarpattan, die eventuell mehr darüber wisse. Leider hatte er von diesem Mann keine Adresse oder Telefonnummer. Ich ließ die Sache dann auf sich beruhen und dachte nur, es wäre wunderbar, diese Gespräche als Buch herauszubringen.

Am nächsten Sonntag wartete ich vor dem Haus von Ramesh Balsekar (eines Schülers von Maharaj), bevor der morgendliche *Satsang* in seiner Wohnung begann. Dort war es, wo ich Maria Jory traf. Wir plauderten ein wenig und sie fragte mich, was sich in meinem Leben gerade so ereigne. Ich erwähnte, dass ich kürzlich den *Samadhi* von Sri Nisargadatta Maharajs Guru besucht hatte und nun versuchte, eine Person namens Mullarpattan ausfindig zu machen. Ich kann mich noch genau an Marias überraschten Gesichtsausdruck erinnern, als ich diesen Namen erwähnte. Sie erklärte mir, dass sie ihn – welch großer Zufall – an diesem Abend besuchen würde. Sie erklärte mir, dass Mullarpattan für lange Zeit Maharajs Übersetzer gewesen sei.

Sie bot mir an, sie bei ihrem Besuch an diesem Abend zu begleiten. Wir wurden von einem liebenswürdigen, gastfreundlichen und sehr vitalen einundneunzigjährigen Mann empfangen. Ohne große Umschweife fragten wir ihn, ob es noch irgendwelche Tonbandaufnahmen gäbe, die noch nicht als Buch erschienen seien, da sie von enormem Wert sein könnten für jeden, der an Maharajs Lehren interessiert sei. Er wiederholte immer wieder, dass Maharaj zu sagen pflegte: „Vergiss all die Bücher und geh nach innen."

Bei einem späteren Besuch waren wir angenehm überrascht, als er uns eine Schachtel mit zehn Tonbändern überreichte. Diese Tonbänder, die Maria später niederschrieb, haben dieses Buch ergeben, das Sie jetzt in den Händen halten.

Mein aufrichtiger Dank an Mullarpattan für dieses Geschenk, uns diesen Schatz anzuvertrauen, diese Gespräche Maharajs, die so lange im Verborgenen geschlummert hatten. Dadurch ergibt sich die seltene Gelegenheit, noch tiefer in Maharajs Lehren einzutauchen. Mein Dank an Maria für ihre Geduld und all die harte Arbeit, die sie in dieses Projekt investiert hat. Mein

Dank an Chaitan und Neela Balsekar, die Nisargadatta Maharajs Worte aus dem Marathi ins Englische übersetzt haben. Mein ganz besonderer Dank geht an Gary Roba für seinen unschätzbaren Beitrag, mit großer Geduld immer wieder den Text wie mit einem feinen Kamm durchzugehen und zu verbessern.

Für mich waren Maharajs Lehren immer wie goldene Pfeile, die direkt ins Herz trafen. Als ich das einem Freund erzählte, antwortete er mir: „Tatsächlich? Mir schien es mehr, als würde Maharaj mit Kugeln auf mich schießen."

Wir hoffen, dass Sie dieses Buch auf die eine oder andere Weise beeinflussen wird.

Gautam Sachdeva
Mai 2007

I - Was ist DAS, was du suchst?

Maharaj:
Wer zum grundlegenden Prinzip von *Ishwara* wird, kann sich absolut nicht als eine Person empfinden. Habe keine Bedenken, deine Persönlichkeit zu verlieren, wenn du dich diesem Wissen öffnest, denn die Persönlichkeit war immer nur eine Illusion. Um mich überhaupt verstehen zu können, darf es absolut kein Gefühl von Persönlichkeit geben. Du *bist* dieses Wissen und du hast keine Form oder Gestalt. Du bist völlig unpersönlich. Du bist vollständig. Du bist nicht erkennbar. Du bist Universelles Bewusstsein. Was geschieht, wenn du dich auf die Suche nach diesem Bewusstsein machst? Der Suchende würde sich in der Suche auflösen, denn es gibt nur dieses Ich bin.

Frage:
Diesbezüglich habe ich eine Frage.

Maharaj:
Konzentriere dich nicht auf deine Frage. Konzentriere dich auf das, was ich sage. Sage gar nichts, höre einfach zu.

Frage:
Dir zuzuhören, weiß ich sehr wohl zu schätzen, deshalb spreche ich auch.

Maharaj:
Lass die Fragen beiseite, sei stark.

Frage:
Du bist recht barsch... Das verletzt mich.

Maharaj:
Lass das gehen. Schau erst gar nicht in diese Richtung, konzentriere dich lediglich auf das, was ich sage.

Frage:
Es gibt einen Bruch zwischen dem, was vor der Frage war, und dem, was danach kam.

Maharaj:
Schaue nur auf das, was war, bevor die Frage aufkam. Sprich nicht über das, was nach der Frage kam.

Frage:
Doch ich weiß nicht, wer ich bin – das ist meine Realität.

Maharaj:
Solange du hierher kommst, ist deine Suche noch nicht zu Ende. Du bist hier, weil die Suche noch nicht beendet ist. Versuche herauszufinden, warum. Was ist DAS, wonach du suchst? Da ist nichts außer dem Prozess des Suchens.

Du magst alles Mögliche sein, sogar *Brahma* oder *Vishnu*, aber es liegt nicht in deiner Macht, irgendetwas zu tun. Dein Leben ist deine Existenz. Sie besteht aus den fünf Elementen und ist ausschließlich von diesen fünf Elementen abhängig.

Das BEWUSSTSEIN ist ein Waisenkind ohne Eltern oder Ursprung. Es braucht nichts und niemanden. Was du über die Welt des Objektiven weißt, ist alles Teil der Dualität. Deine objektive Welt besteht aus Beziehungen. Du bist immer von jemandem abhängig – Freunden, Ehemann, Ehefrau usw. In der Welt des Objektiven gibt es nur Abhängigkeit, doch in deinem wahren Zustand gibt es immer nur Unabhängigkeit. Existenz ohne Identität, welche deine wahre Natur ist, ist unabhängig. In diesem Moment ist es halb zwölf und es kann nicht zwölf Uhr sein. In einer halben Stunde wird es zwölf Uhr sein. Wir haben darüber keine Kontrolle, die Zeit muss vergehen. Das bedeutet, dass du immerzu von etwas abhängig bist. Du kannst nicht unabhängig von Zeit, Raum oder den Elementen leben. Wir sind alle hilflos, lediglich das Bewusstsein ist unabhängig.

Der Zustand von Freude oder Ekstase ist *Poornabrahman* oder *Nirvana.* Jemand, der unabhängig ist von jeglicher Art von Unterhaltung, ist *niranyan.* Das Ewig-Vorhandene ist *nitya.* Dieser Zustand verändert sich überhaupt nicht. Solange du dir deines Körpers und seiner Bedürfnisse bewusst bist, kannst du nicht völlig unabhängig sein. Das Bewusstsein braucht weder Licht noch Dunkelheit. Es braucht keine Ruhepause. Es ist die Wahrheit und es verändert sich nicht.

Als ich noch jung war, konnte ich ein Stück Metall verbiegen und es wieder zurückbiegen. Nun bin ich alt und brauche Hilfe beim Gehen. Wohin ist die Kraft verschwunden? Ich habe sie nicht mehr.

All diese Dinge in der objektiven Welt sind untrennbar verbunden mit ihren Eigenschaften. Eine Eigenschaft ist ihrer Natur entsprechend von etwas abhängig. Das Wissen Ich bin ist ebenfalls eine Eigenschaft. Somit muss das Ich bin-Sein auch in irgendeiner Weise von etwas abhängig sein.

Frage:
Was ist das Konzept von *Maya* (Illusion)?

Maharaj:
Das Konzept von *Maya* kommt von diesem Ich bin-Sein. Die

Existenz von *Maya* und der Welt um dich herum entsteht nur, wenn du dir deiner selbst bewusst bist. Das ist ein Zustand von Dunkelheit und Unwissenheit und das ist weit entfernt vom Wissen. *Maya* existiert nicht im Zustand von Wissen.

Frage:
Was ist *Atma Prem* (Selbst-Liebe)?

Maharaj:
Atma Prem kommt ebenfalls vom Ich bin-Sein. Wenn du dich auf *Atma Prem* beziehst, dann kann dich das ablenken und du wirst nichts anderes sehen als *Maya* und das ist ein Zustand von Unwissenheit. Wenn du in den Zustand von Wissen eintauchst, dann wird auch das *Atma Prem* nicht mehr vorhanden sein und darin hat auch das Wort *„Maya"* eine andere Bedeutung. Selbst das, was du Liebe nennst, ist *Maya.* Die Liebe hat viele Gesichter. All diese Häuser sind aus *Maya* entstanden. Die Liebe oder *Maya* hat ganz Bombay erschaffen. Die Liebe hat viele Formen; *Mula-Maya* hat *Vishnu* und *Shankara* erschaffen, doch was war davor? *Maya* ist der Missetäter. Die Menschheit hat sich in diesem Konzept und der Illusion der Liebe verstrickt und ist dadurch in dem Kreislauf von Leben und Tod verfangen. Das Gefühl von Liebe wird zu einem großen Fehler, wenn man sich darin verfängt. Liebe gibt es zu so vielen Dingen. In dem Moment, wenn die Illusion in Erscheinung tritt, beginnt die Verstrickung. Durch die Vorstellung von männlich und weiblich verstrickst du dich in dieser Illusion.

„Du bist das Paramatma." Das sagte mein Guru zu mir, als er in *Mahasamadhi* ging. Seine Worte hatten eine solch unglaubliche Kraft, dass sie tief in mich eindrangen und sich verankerten und so wurde ich Das. Seine Äußerungen waren von solch immenser Kraft und Stärke durchdrungen, dass sie sich unweigerlich verwirklichten.

Frage:
Hast du das heilige *Mantra*, das dir dein Guru gegeben hatte, ständig wiederholt?

Maharaj:
Ich habe gar nichts getan, habe ihm nur ständig zugehört. Die Kraft des *Mantras* hängt von der Intensität deines Vertrauens ab.

Frage:
Gibt es irgendeinen Grund für dieses Vertrauen?

Maharaj:
Ja, es gibt einen primären Grund, einen Hauptgrund, und das ist das Wissen von dem Ich bin. Das ist der Urgrund des Vertrauens. Das „Gewahrsein meines Seins" geschah automatisch. Es geschah ganz einfach. Das Erwachen und wachsen dieses Wissens Ich bin kommt noch vor dem Entstehen der fünf Elemente. Das Höchste Bewusstsein, das Absolute, ist sich noch nicht einmal seiner selbst bewusst oder irgendwelcher Ereignisse. Das Bewusstsein war Eins, doch die Erschaffung zweier Menschen unterschiedlichen Geschlechts und der Liebe zwischen ihnen hat diese Welt erschaffen. Diese Geräusche und dieses Bewusstsein sind nicht eins, sie sind zweierlei. Das Bewusstsein ist lediglich ein Sprenkel und diese Illusion ist daraus entstanden.

Liebe teilt sich in die zwei Geschlechter auf und daraus erwuchs diese Trennung. Doch im Moment der Verwirklichung löst sich diese Trennung auf. Wenn du erkennst, dass Du bist, dass alles das Spiel von *Shiva Shakti* ist, dann weißt du, dass all dies nur eine Illusion ist und wirst frei sein von Freude und Leid. Selbst-Verwirklichung ist *Shivadatta*. Wenn du erkennst, dass dies alles eine Illusion ist, dann bedarf es keiner Selbst-Verwirklichung.

Frage:
Gibt es in der SELBST-Verwirklichung keine Liebe?

Maharaj:
Sie geht darüber hinaus. Liebe ist ein weltlicher Zustand. Das eigentliche Gefühl von SELBST-Verwirklichung wird sich erst einstellen, wenn du verstehst, was du bist. Sobald du die Antwort verstehst, wird diese Frage über SELBST-Verwirklichung gar nicht auftauchen. *Ananda*, die Freude und Ekstase des BEWUSSTSEINS, wird in dir wie eine Atombombe explodieren und du wirst sehen, dass die ganze weite Welt eine Manifestation von DEM ist. *Chinmayananda* bedeutet „Sprenkel von Ekstase". *Swami* bedeutet „das spontane Gewahrsein meines Seins". Durch das ICH BIN-SEIN hat Swami Chinmayananda einen riesigen Aschram erschaffen, den viele Menschen besuchen. All die Götter kommen und gehen in diesem BEWUSSTSEIN. Nur allein die Tatsache, dass DU BIST, bedeutet *Swami* und das ist reiner Honig, der Beweis für das ABSOLUTE. Es ist ständig in dir und ganz von allein, spontan, ohne jegliche Aufforderung aufgetaucht. Das bedeutet *Swami*.

Frage:
Und was ist mit all den anderen Dingen?

Maharaj:
Warum sich damit auseinandersetzen? Lass sie sein. Kümmere dich um das ICH BIN-SEIN und vergiss den Rest. Was die *Swamis* sind, tun oder sagen, ist unwesentlich. Warum willst du an die Ufer des Flusses zurückkehren, wenn du bei der QUELLE angekommen bist?

2 - Das Wissen um deine wahre Identität

Maharaj:
Wenn das Ich bin-Sein spontan wie ein Blitz erscheint, zerfällt die Illusion der Selbst-Liebe in die fünf Elemente: Raum, Luft, Erde, Feuer und Wasser. Doch diese Selbst-Liebe, das Ich bin, manifestiert sich für denjenigen, der dies als einen natürlichen Prozess akzeptiert, als *Sattva Guna.* Wird sie benutzt, um etwas in der Welt zu erreichen, dann wird sie als *Rajas Guna* bezeichnet und, um für etwas anerkannt zu werden, *Tamas Guna.* Alle Elemente vereinigen sich und in der Erde werden sie zu Gras und Korn. Gras ist das Futter für die Tiere, die uns die Milch geben. Das Korn ist die Nahrung für die Menschheit, in der das subtilste Prinzip bereits eingebettet ist. Durch Assimilation im Körper wird sie zum „Nahrungs-Körper". Dieser Nahrungs-Körper setzt sich aus der Milch und dem Korn zusammen, das wir essen. Ist der Körper erfüllt mit der Lebenskraft, erscheint das Ich bin-Sein. Das Ich bin-Sein ist die *Sattva*-Qualität und das Wort *Sat* bedeutet – zu sein. Das Ich bin-Sein, welches im Bruchteil einer Sekunde erscheint, beruht auf dem Nahrungs-Körper.

Wenn eine individuelle Seele *(Jiva)* geboren wird, nimmt sie zuerst ihre Eltern wahr und wird sich schließlich ihrer Weidegründe und ihres Futters bewusst. Ihre äußere Form entspricht der Form ihrer Eltern. Ein menschliches Wesen gebiert ein menschliches Wesen, Tiere erzeugen Tiere und Schlangen und Würmer entstehen aus den niedrigsten Lebensformen. Vierfüßler und Menschen entstehen aus höheren Lebensformen. Die SELBST-Liebe ist etwas, das lediglich in menschlichen Wesen existiert. Alles entsteht aus den „Samen". Ist die elterliche Form herangereift, dann formt sich der Same und das Abbild oder die Form der Eltern wird in den Samen eingebettet. Aus jedem Samen entsteht ein Individuum, das sich von anderen Individuen unterscheidet. Der Same eines Familienmitgliedes ist recht unterschiedlich von dem seines Bruders. Das Abbild in einem Samen entsteht im Bruchteil einer Sekunde und die neue Kreatur wird auf traditionelle Weise geboren. Manche Lebewesen wie zum Beispiel Ziegen werden nach drei Monaten und menschliche Wesen nach neun Monaten geboren.

Alle Lebewesen sowie alle Formen und Gestalten entstehen aus dem Zusammenschluss der fünf Elemente zusammen mit der Erde als der Essenz. Es gibt vier unterschiedliche Wege wie Schöpfung geschieht. Das, was aus der Luft entsteht, wie zum Beispiel Bakterien und verschiedene Insekten, wird als *Udhvaja* bezeichnet. Was aus dem Wasser und Schweiß eines Körpers entsteht, Würmer und ähnliches, nennt man *Svedaja*. Schlangen, Fische und Vögel entstehen aus Eiern und gehören zur Kategorie der *Undeja*. Tiere und Menschen, mit ihrer eigenen Art der Fortpflanzung, werden durch das Element der Erde geboren; dies wird als *Jaraja* bezeichnet. Zusammen mit den fünf Elementen kommt eine weitere Qualität des Universums ins Spiel, die wir Schicksal nennen oder *Parabdhda*. Der Prozess des Geborenwerdens entsteht nicht aus irgendeiner bewussten Handlung, er geschieht völlig spontan. Alle Handlungen sind vorherbestimmt.

Bei all der „Vermischung", die nun geschieht, werden meiner Meinung nach alle Rassen schließlich verschmelzen. Kasten und Glaubensbekenntnisse werden ihre Bedeutung verlieren und es wird unmöglich sein, einen reinen Inder oder einen reinen Europäer zu erkennen. Das gesamte Muster der menschlichen Rasse wird sich verändern. Die Unterscheidung in Hindus, Moslems oder Christen wird nicht mehr existieren. Männlich und weiblich, das wird die einzige noch verbleibende Kategorie sein.

Solange die Identifikation mit dem Körper und dem Ego noch besteht, kannst du nicht frei sein. Du wirst immer noch den alten, konventionellen Verhaltensmustern unterliegen, wie alle auf dieser Erde. Aber was ist das echte Verhaltensmuster deines wahren *Dharmas?* Was ist das für eine Identität, mit der du mir diese Fragen stellst? Dein Wissen ist das Produkt deiner empfundenen Identität. Doch was weißt du über deine wahre Identität? Finde das heraus, bevor du mir weitere Fragen stellst.

Wonach sehnst du dich am allermeisten? Was ist es, hinter dem du her bist? Du liebst deinen Körper und die Dinge, die ihm Freude bereiten. Du bist voller egoistischem Stolz auf deine Errungenschaften. Doch wenn du deine wahre Identität gefunden hast, das, was DU BIST, dann wirst du dich in diesem GEWAHRSEIN stabilisieren. Dann wirst du frei sein von Gier, Verhaftungen und Stolz. Was dich am stärksten anzieht, ist dein ICH BIN-SEIN. Du willst dieses ICH BIN-SEIN bewahren. Du willst SEIN. Es ist dieses ICH BIN-SEIN, das du tatsächlich am meisten liebst. Du willst lebendig sein.

Frage:
Bedeutet wahre Freiheit also die Fähigkeit, zu sein, wer man in Wirklichkeit ist?

Maharaj:
Wenn du das SELBST entdeckst, das weder Farbe, noch ein Ebenbild oder eine Gestalt hat, dann brauchst du keine Freiheit mehr

und bist von ihr unabhängig. Dann bist du jenseits von Freiheit.

Was ist *Yoga? Yoga* bedeutet Vereinigung, zwei Dinge, die sich verbinden. Die gesamte Bevölkerung ist das Resultat von *Yoga.* Ein Teil, der sich mit einem anderen Teil vermischt oder verbindet, erzeugt Nachkommen, in denen die Identität von beiden enthalten ist. Warum bemühst du dich um *Yoga? Yoga* bedeutet Brücke, Beziehung oder Verbindung. Warum suchst du diese Verbindung? Du musst herausfinden, wieso diese Verbindung stattgefunden hat. Bevor die Brücke entstanden ist, war *Yoga* nicht nötig. Du musst deinen Zustand vor dem Entstehen der Brücke herausfinden. Was immer das Prinzip oder der Zustand noch vor dem Entstehen dieser Verbindung war, das war der vollkommene Zustand. Weil diese Brücke entstanden ist, fühlst du dich von deinem wahren SELBST getrennt und versuchst, dich wieder zu verbinden; und das ist *Yoga.* Allein aus diesem Grund bist du zum Diener deiner Wünsche geworden.

Die Kontrolle des Atems ist die Methode, die von *Yogis* praktiziert wird. Durch Atemkontrolle können sie sich in einen Zustand von *Samadhi* versetzen. Auf diese Weise können sie vorübergehend ihre Wünsche und Begierden unterdrücken und halten sich deshalb für SELBST-verwirklicht. Bevor ich meinen GURU traf, fand ich solche Dinge recht anziehend. Eines Tages kam ein bedeutender *Yogi* zu Besuch. Nachdem er seinen Atem unter Kontrolle gebracht hatte, ließ er sich von einem Auto oder gar einem Lastwagen überrollen. Auf diese Weise stellte er seine an Wunder grenzende Fähigkeit zur Schau. Diese Menschen, die in *Samadhi* gehen, indem sie ihren Atem anhalten, haben sich lediglich eine gewisse Fähigkeit angeeignet. Sie haben sich aber kein Wissen angeeignet und dieses Wissen auch nicht transzendiert. Mit dieser Akrobatik des Atems mögen sie sich vorübergehende Kräfte angeeignet haben, doch das hat nichts zu tun mit der wahren Vereinigung mit der QUELLE. Hier geht es um die Kenntnis des Selbst *(Jnana).* Sie haben nicht die Endgültige Vereinigung mit dem Absoluten erreicht.

3 - Das GEWAHRSEIN der PRÄSENZ

Maharaj:
Die Meditation, bei der man sich auf den Atem konzentriert, nennt man *Pranayama* und die Ausübung von *Pranayama* gibt dir Frieden. Allerdings ist nicht der essentielle Atem *(Prana)* der BEOBACHTER, sondern DAS, was teilnahmslos beobachtet. Es ist ohne Ursache, es ist immer vorhanden. Es ist weder hell noch dunkel, weder rechteckig noch rund und es hat keine Form. Man kann DAS, was beobachtet, *Krishna, Christus* oder *Rama* nennen. Es ist reine Liebe. Dieser BEOBACHTER ist für jedermann der Beweis seines SEINS, dies ist „das Wissen". Was ist dieser essentielle Atem? In dir, im Körper, wird er als *Prana* bezeichnet. Wenn du über den Atem meditierst und wenn er freigesetzt wird, vereinigt er sich mit der Atmosphäre und wird eins mit dem Universum. Für diese Art von Verehrung brauchst du keinerlei Materie, keine Nahrung oder Blumen.

Wenn du mittels *Pranayama* deinen Atem kontrollierst, kannst du einen Zustand von Glückseligkeit *(Samadhi)* erreichen, in dem es keinen Verstand und somit auch keine Begierden gibt. Jedoch kann dieser Zustand von Glückseligkeit nur so lange andauern wie du die Kontrolle über deinen Atem aufrecht erhalten kannst und recht bald wirst du wieder in einen weniger feinstofflichen Zustand eintauchen. Nur wenn diese Freude oder Glückseligkeit jenseits der Sinneswahrnehmungen stattfindet, verschmilzt sie mit dem Universum. Sie ist so klar und rein wie der Himmel und, so wie der Himmel, unendlich. Doch was gibt ihr Licht? Jene Liebe, das Wissen, das ihr Licht gibt, ist das Wissen ICH BIN. Richte deinen Fokus auf dein SEIN, bis du schließlich fest darin verankert bist. Nur dann kannst du es transzendieren. Im Moment ist dein Fokus nur auf die Luft oder den Atem gerichtet. SEI dieser SEINS-ZUSTAND, auch wenn das immer noch nicht die endgültige Stufe ist.

Frage:
Es ist bedeutungslos, welcher Erfahrung man sich gewahr wird, wenn man sich des BEOBACHTERS gewahr ist. Stimmt das?

Maharaj:
Wer ist der Beobachter dieser Glückseligkeit? Wer ist es, der sich dieser Freude bewusst ist? Sei dieses ICH BIN. Wenn du schließlich weißt, wer du bist, dann bleibe verankert in der Erfahrung des SELBST. Sei wie Arjuna – das GEWAHRSEIN seines SEINS war ununterbrochen vorhanden, selbst im schlimmsten Kampfgetümmel. Weil er mit Krishna eins war, konnte er in den Kampf ziehen. Schließlich wusste er, dass es niemanden gibt, der tötet, und niemanden, der getötet wird.

Frage:
Es gibt so viele schwierige Situationen im Rahmen spiritueller Praktiken, wie die Ausübung heiliger Rituale oder die Kontrolle des Atems. Was soll ich nur machen?

Maharaj:
Du machst überhaupt nichts. Zuerst musst du einen Schwur oder ein Gelübde ablegen, dass du kein Mensch bist.

Frage:
Wie könnte ich das behaupten?

Maharaj:
Warum nicht? Du kannst einen Schwur ablegen, dass du kein menschliches Wesen bist. Das Wissen, das dem Gedanken – Ich bin– vorausgeht, wird von einem menschlichen Körper verdeckt, der mit dem lebensnotwendigen Atem und dem Wissen vom Selbst *(Prana und Jnana)* ausgestattet ist. Das bedeutet, dass du lediglich von einem Körper überlagert bist. Wenn du schließlich durch deine Aufmerksamkeit diesen Zustand von Ich bin erreicht hast, wird dein Gewahrsein nur auf Das gerichtet sein und du wirst nicht mehr von all diesen Neigungen *(Vasanas)* beeinflusst werden, dann hast du sie transzendiert. Lass deine Fragen sich aus dem ergeben, was du gerade gehört hast, und nicht aus dem, was du bislang in Büchern und heiligen Schriften gelesen hast.

Frage:
Ich möchte doch nur Klarheit über das Wissen vom Ich bin finden.

Maharaj:
Du musst eins werden mit dem Selbst, dem Ich bin. Wenn du von „Wissen" sprichst, dann handelt es sich dabei lediglich um Informationen. Lass vielleicht die Worte Ich bin weg, denn selbst ohne diese Worte weißt du, dass Du bist. Sprich es noch nicht einmal aus oder denke, dass Du bist. Sei dir lediglich der Präsenz gewahr, ohne darüber nachzudenken.

Frage:
Woher weiß man, dass man den Zustand von Beobachtung erreicht hat?

Maharaj:
Wer ist es, der behauptet, lebendig zu sein? Finde heraus, wer der Beobachter ist, der *weiß*, dass er lebendig ist. Dies ist das Gewahrsein der eigenen Existenz, das allen Gedanken vorausge-

hende ICH BIN. Wer sagt "Ich bin lebendig.", wer sagt "Ich bin nicht lebendig."? Was ist das? Das ICH BIN kann nicht in Worte gefasst werden; es ist das Wissen, das GEWAHRSEIN, noch vor der Entstehung von Gedanken. Du musst einfach nur SEIN.

Frage:
Manchmal erlebe ich ein stetiges Gefühl, nicht Gedanken, welches ich als das ICH empfinde.

Maharaj:
Alle Religionen dieser Welt basieren auf Gefühl und Tradition. Du kannst dein *Mantra* rezitieren wie auch immer du willst. Dadurch wird sich allerdings nichts ändern. Wie ich dir ja bereits erklärt habe, ist nur von Bedeutung, im GEWAHRSEIN des ICH BIN verankert zu sein. Später wirst du dann auch das ICH BIN-SEIN transzendieren. Was ich jetzt sage, wird auf Tonband aufgenommen, doch werde ich tatsächlich sprechen, wenn die Aufnahme wiedergegeben wird? Nein, es ist lediglich ein chemischer Prozess, der von einem Menschen erschaffen wurde. Das gilt genauso für das Foto meines GURUS dort an der Wand. Ist das tatsächlich ein GURU? Nein, der Mensch erzeugt mittels Chemikalien ein Foto. Genauso ist dieses menschliche Wesen, das von GOTT erschaffen wurde, eine Chemikalie und du solltest dir dessen gewahr sein. So wie ein Sturm lediglich eine von der Natur erschaffene Erscheinung ist, so ist dieses ICH BIN, diese Chemikalie, auch nur etwas, das erschaffen wurde. Vergiss, was ich dir gesagt habe, denn auch das ist nur etwas Mechanisches, eine Chemikalie. Sei lediglich GEWAHR, denn dann spielt es keine Rolle, ob du hundert Tode stirbst oder nicht.

4 - Eine Traumwelt, deren QUELLE DU bist

Maharaj:
Worte haben eine enorme Kraft. Wenn man jemandem sagt, dass er in drei Tagen sterben wird, dann wird er das wahrscheinlich glauben und sehr besorgt sein. Wirst du von den Worten beeinflusst, die du jetzt hörst? Worte können dich beeinflussen und dann verschwinden.

Frage:
Ein Weiser ist unberührt davon, ob sein Körper stirbt oder nicht.

Maharaj:
Das stimmt, aber das sind nur Geschichten.

Frage:
Du hast zu uns über das ICH gesprochen. Ich würde gerne wissen, wer das ICH BIN erschaffen hat.

Maharaj:
Ein Kind weiß, wer es in die Welt gebracht hat. Die Eltern haben das Kind erschaffen.

Frage:
Doch das Kind weiß nicht um die Geburt der Eltern.

Maharaj:
Das sind alles nur Konzepte. Dem Kind wurde eine Vorstellung davon vermittelt, wer seine Eltern sind, doch das ist lediglich ein Konzept. Genauso ist auch das Ich bin nur ein Konzept und genauso wurde dem Kind die Vorstellung vermittelt, dass Es ist. Zuerst musst du herausfinden, wer ist, und was dieses Ich bin-Sein bedeutet.

Frage:
Du sprachst von dem Ich bin. Deinem Verständnis nach gibt es etwas, was das Ich bin aufrecht erhält.

Maharaj:
Du willst wissen, was das Ich bin aufrecht erhält? Es sind meine Eltern, die mich aufrecht erhalten! Wann werden diese zwei Menschen, Ehemann und Ehefrau, zu Eltern? Wenn ein Kind geboren wird; oder etwa nicht? Wo sind die Eltern, bevor das Kind geboren wurde? Und was ist dieses Kind? Das Kind stellt die Wurzeln der Eltern dar. Das Kind ist ebenso der Vater der Eltern. Auf Grund des Kindes gibt es die Eltern. Dies zeigt, wie völlig hohl und leer unsere Egos sind. Welchen Nutzen hat dieser Seins-Zustand, der diese gesamte Aufführung inszeniert hat? Gewahrsein ist das Absolute, doch wer ist der Beobachter des Absoluten? Das Ego ist wie das Kind einer unfruchtbaren Frau.

Ich bin ein ungebildeter Mann und dennoch suchen mich Menschen aus der ganzen Welt auf. Woran liegt das? Weil ich am Nullpunkt angekommen bin, zu einem Nichts geworden bin. Dieses Wissen ist völlig spontan erschienen. Aus dem Nichts: Etwas ist. Und in dieser Istheit oder Seinheit existieren unzählige Universen. Doch selbst dieser Seins-Zustand kann fallen gelassen werden.

Frage:
Du sagst, dass dein Bewusstsein diese Welt erschaffen hat. Be-

deutet das, dass das Bewusstsein anderer Menschen unterschiedliche Welten erschafft?

Maharaj:
Genau, jede Person erschafft ihre eigene Welt oder ein unterschiedliches Konzept von der Welt. In deiner Traumwelt gibt es so viele Menschen. Erkennen die Menschen in deiner Traumwelt, dass ihre Welt aus deinem Bewusstsein entstanden ist? Was für eine Art von Gott könnte also aus deinem Bewusstsein entstehen? Und doch beten Menschen zu diesem Bewusstsein. Sprich nicht mit jedem x-beliebigem Menschen über das, was ich dir gesagt habe, und stelle es auch nicht zur Schau, das wird dir nur Ärger einbringen! Dieses Wissen oder Verstehen ist lediglich dazu da, verstanden oder beobachtet zu werden. Es gibt einen Vers von Tukaram: „Zu Beginn gibt es nur einen einzigen Samen, der zu sprießen beginnt und zu einem Bäumchen heranwächst, das schließlich ein stattlicher Baum wird. Dieser Baum wird viele Samen hervorbringen, welche wiederum unzählige weitere Bäume entstehen lassen."

Frage:
Mein Ich hat meine Welt erschaffen und wenn ich mich mit anderen Menschen austausche, dann spreche ich mit ihnen über meine Welt.

Maharaj:
Oh ja, doch wissen die anderen Personen, dass du zu ihnen von „deinem" Universum sprichst?

Frage:
Das weiß ich nicht.

Maharaj:
Wenn du das nicht weißt, warum stellst du dann diese Frage? Nimm zum Beispiel eine Beere. Eine Beere reift, dann fällt sie vom Strauch und erschafft einen neuen Strauch, welcher viele

Beeren tragen wird, deren Samen einen Riesendschungel erschaffen werden. All dies ist aus einem einzigen Samen entstanden.

Frage:
Alle haben denselben Ursprung.

Maharaj:
All dies ist eine Traumwelt und *Du* bist ihre Quelle. Wenn *Du* nicht existierst, dann wird die Manifestation der Welt für dich nicht existieren. Kannst du erkennen, dass *Du* allein deine Welt erschaffen hast?

Frage:
Ich werde versuchen, das zu verstehen.

Maharaj:
Dies hat nichts mit Anstrengung zu tun. Es muss ganz spontan verstanden werden.

Frage:
Was für eine Rolle soll ich in dieser Welt spielen?

Maharaj:
Unter all diesen Millionen von Menschen fragst du nach deinem Anteil an dieser Welt. Wie groß ist dein Beitrag zu dieser Welt? Du allein magst recht groß sein, doch in dieser Masse bist du ein Niemand.

Frage:
Was ist mein Beitrag zu all dem?

Maharaj:
Geh in Goenkas Aschram, meditiere noch ein wenig und dann wirst du vielleicht verstehen. Ich erzähle dir nur meine eigene Geschichte, nicht die von *Brahman*. *Brahman* bedeutet Illusion.

Wenn Tiere bei glühender Sonne einer Fata Morgana hinterherlaufen, dann ist das eine Illusion. In Wirklichkeit gibt es gar kein Wasser. Genauso läufst du Illusionen hinterher und glaubst, dass sie dir Glück und Segen bringen. Doch das stimmt nicht. Dieser Körper setzt sich aus Nahrung *(Annamaya)* zusammen und ist vergänglich. Wenn dieser Nahrungs-Körper nicht vorhanden wäre, dann würde auch die Welt nicht existieren. Wenn eines Tages der Atem aus dem Körper entweicht und dieses ICH BIN-SEIN aufhört zu existieren, dann wird das ICH BIN-SEIN nicht wissen, dass ES EXISTIERTE.DAS ICH BIN-SEIN ist nicht von Dauer und wird seine Verbindung mit diesem Körper vergessen. Genauso wie Nahrung vergänglich ist, so ist auch der Körper, der sich aus Nahrung zusammensetzt, vergänglich und nicht von Dauer.

Wenn du Fragen hast, dann frage denjenigen, der eine Antwort sucht. Halte dich an den Fragenden – deinen eigenen SEINS-ZUSTAND oder das ICH BIN-SEIN. Wenn du das getan hast, werden Menschen zu dir kommen; und sie werden dich mit *Mahatma* oder *Anandamayi* anreden. Wirst du dich nach dieser Unterhaltung auch nur an einen einzigen Satz genau erinnern? Wenn du hungrig bist und eine Mahlzeit einnimmst, ist es der erste oder der letzte Bissen, der dich sättigt? Diese Frage solltest du beantworten. Dies ist die Essenz allen Wissens.

5 - Die Worte des GURUS sind die WAHRHEIT selbst

Maharaj:
Als mein GURU in einen Zustand von Glückseligkeit eintauchte, sagte ER zu mir: „Hab Vertrauen in mich und meine Worte. Alles, was ich dir sage, ist die reine WAHRHEIT. Du bist die höchste WAHRHEIT. Vertraue dem bedingungslos und verhalte dich entsprechend."

Es gab einmal einen Weisen, der sehr temperamentvoll war, der leicht aus der Fassung geriet. Er fluchte mit einer solchen Vehemenz und Entschiedenheit, dass alles, was er sagte, eine konkrete Form annahm und tatsächlich geschah. Mein GURU sagte zu mir: „Du bist GÖTTLICHKEIT *(Paramatma).*" Ich hörte das im *Satsang (sat* – wahr oder weise, *sang* – Verbindung) meines GURUS und akzeptierte es. Ich wollte daraus keinen Vorteil ziehen, ich akzeptierte es einfach. Ich wusste nicht, dass ICH existierte, und plötzlich wurde ich mir gewahr: Diese ABSOLUTE WAHRHEIT ist dieses ICH BIN. Ich hatte grenzenloses Vertrauen in die Worte meines GURUS und später geschah dann alles ganz spontan. Es war eine kontinuierliche Transformation und ich war erstaunt über das, was in mir geschah. So kraftvoll waren die Worte meines GURUS. Die Worte des GURUS sind die WAHRHEIT selbst.

Frage:
Hast du permanent die Worte wiederholt, die dein Guru dir gegeben hatte?

Maharaj:
Ich lauschte permanent dieser heiligen Rezitation *(Japa),* die ununterbrochen in mir ablief.

Frage:
Gibt es irgendeinen Grund für dieses *Japa?*

Maharaj:
Der Urgrund ist das Wissen vom Ich bin.

Frage:
Was meinst du mit „Wissen“?

Maharaj:
Dieses Wissen vom Ich bin erschien ganz spontan. Dieses Wissen vom Ich bin geht der Entstehung der fünf Elemente voraus. Das Absolute *(Paramatma Parmeshwar)* ist ohne Gewahrsein von irgendetwas. Der Zustand von Gewahrsein entsteht erst später mit dem Wissen vom Ich bin. Jemand mag sich gut fühlen, wenn er schlafen geht, doch wenn er am Morgen aufwacht, ist ihm plötzlich schwindlig und er fällt hin. Er stellt fest, dass sein ganzer Körper angeschwollen ist, doch er weiß nichts über die Ursache seiner Krankheit. Erst nach einer vollständigen Untersuchung kennt er die Krankheitsursache. Genauso wenig weiß das Absolute, dass Es war (oder dass Es ist). Erst, als spontan das Wissen Ich bin erschien, konnte festgestellt werden, dass dasAbsolute war oder ist. Erst wenn das Körper-Verstand-Bewusstsein durch die Kraft der fünf Elemente entsteht, erscheint das Gewahrsein. Mein Guru erklärte mir, dass dieses sehr simple Prinzip, das nicht weiß, dass Es ist, mein Selbst ist. Das ist es, was mir vermittelt wurde. Dies ist der Standpunkt, von dem ich zu dir spreche.

Als ich noch jung war, dachte ich über viele Dinge nach. Bevor ich meinen Guru traf, glaubte ich, dass es so etwas wie Spiritualität gar nicht gibt. Ich hatte mir geschworen, dass ich mich niemals einweihen lassen oder einer anderen Person unterwerfen würde. Eines Tages erzählte mir ein Freund von einem Weisen, der in der Nähe zu Besuch sei, und lud mich ein, mit ihm zu kommen, um diesen Weisen zu treffen.

Ich hatte zwar kein Interesse, doch mein Freund ermunterte mich, also begleitete ich ihn. Mein Freund kaufte eine Blumengirlande und einige Süßigkeiten für diesen Weisen und meinte, ich solle mich doch ein wenig in Schale werfen. Als ich den Guru traf, forderte er mich auf, meine Augen zu schließen, und weihte mich ein. Nach einer gewissen Zeit sagte er, ich solle meineAugen wieder öffnen, und es war, als ob ich explodiert wäre. Von dem Augenblick an war ich ein anderer Mensch.

1932 erstand ich zwei Bücher über Philosophie, die mir ein Freund empfohlen hatte. Ich versuchte sie damals zu lesen,doch ich konnte nichts davon verstehen. Also klappte ich sie wieder zu und legte sie beiseite. Mein Guru weihte mich 1934 ein. Zwei Monate, nachdem mich mein Guru eingeweiht hatte, lud mich derselbe Freund zu einem Besuch in sein Dorf ein und schlug vor, zusammen über diese Philosophiebücher zu diskutieren. Ich erläuterte die Bücher völlig spontan, die mir jedoch zu dem Zeitpunkt wie Kinderkram erschienen.

Frage:
Wie hast du dir diese Fähigkeit angeeignet?

Maharaj:
Das ist wie die Frage, wie ich mir ohne mein Wissen diese menschliche Form angeeignet habe! Es geschah ganz einfach, ich hatte nichts damit zu tun. Die Leute mögen mich preisen oder verdammen, doch ich tat es, ohne mir dessen gewahr zu

sein, ohne mich darum zu bemühen, völlig natürlich. Ich habe nie die heiligen Schriften studiert und doch kam das Wissen ganz einfach zu mir. Es heißt, dass sich das Universum schon oft aufgelöst hat, doch wie kommt es, dass ich davon völlig unberührt bin? Nun ja, ICH bin immer vorhanden gewesen, lediglich diese augenblickliche Form (der Körper) war möglicherweise nicht vorhanden. Selbst die Auflösung des Universums hat dieses ICH nicht beeinflusst.

Dieser Körper hat eine Form, doch ICH als das BEWUSSTSEIN habe keine Form. Wenn es für dich zu einer Gewohnheit wird, etwas mit dir herumzutragen, dann verbindet es sich mit dir und du wirst eins damit. Wenn du ein bestimmtes Gift immer wieder in winzigen Dosen zu dir nimmst, wirst du eines Tages immun dagegen. Dann kann dir noch nicht einmal eine Schlange etwas anhaben. Genauso wird es dich in *Brahman* verwandeln, wenn du ständig wiederholst „Ich bin *Brahman.*“, so dass dich schließlich weder Geburt noch Tod beeinflussen können. Versuche alles von diesem Standpunkt aus zu verstehen. Wenn es zu deiner Gewohnheit wird, so zu denken, dann wird es zu einem Teil von dir werden.

Ihr habt in nichts und niemanden wirklich tiefes Vertrauen. Ihr zieht von Ort zu Ort, von einem GURU zum nächsten. Diese Art der Beschäftigung, von einem GURU zum nächsten zu ziehen und jedermanns Ansichten aufzusaugen, bringt euch nichts ein. Weil ihr versucht, von zu vielen zu viel zu lernen, bleibt ihr eine Null und tretet auf der Stelle. Ich fordere euch nicht auf, Buße zu tun oder irgendwelche strengen spirituellen Praktiken *(Sadhana)* zu befolgen. Höchstens empfehle ich euch, den Namen GOTTES *(Brahma Japa)* zu wiederholen. Beschäftige deinen Lebensatem mit diesen Wiederholungen. Widme deinen Lebensatem dieser Arbeit, den Namen GOTTES zu wiederholen, und dann tritt einen Schritt zurück und schau zu. So wie du deinem Koch Arbeit zuteilst und ihm dann beim Kochen zuschaust, beschäftige deinen Lebensatem kontinuierlich mit den Wiederholungen. Dann wirst du anfangen, diese Rezitationen in deinem ganzen Körper wahrzunehmen.

Du solltest den intensiven Wunsch haben, die Wahrheit zu suchen. Nur dann hast du schnell Erfolg. Das Ergebnis von *Japa* wird der Intensität deiner Überzeugung und deines Vertrauens entsprechen. Bevor mein Guru dieses Wissen erlangte, musste er eine Menge Buße tun und langwierige spirituelle Praktiken verfolgen. Doch er vermittelte mir dieses Wissen, ohne dass ich Buße tun oder spirituelle Praktiken ausüben musste. Ich bin nicht von dieser Welt oder diesem Universum abhängig; diese Welt und dieses Universum sind von mir abhängig. Wie erkennst du mich?Welche Identität schreibst du mir zu und wie beurteilst du mich? Mittels welcher Identität beurteilst du dich selbst? Du bist der Überzeugung, verschiedene Geburten zu erleben. Ich glaube nicht an solche Geschichten. Ich weiß, dass Ich niemals existierte, dieses Ich bin-Sein hat für mich niemals existiert. Ich bin der ungeborene Zustand.

Frage:
Ich höre sehr intensiv zu. Wird diese Intensität mein Verständnis vertiefen?

Maharaj:
Du bist bereits spontan, warum also über das sprechen, was gar nicht existiert? Es ist alles nur eine Illusion. Wann auch immer mich Gelehrte oder Heilige besuchen, ich bereite mich nicht auf die Diskussionen mit ihnen vor. Ich sage immer, was mir gerade in den Sinn kommt. Letztendlich weiß ich, dass selbst diese Worte die Kinder einer unfruchtbaren Frau sind!

Frage:
Bestätigen die Fragen, die wir stellen, um die Diskussion zu beleben, unsere Unwissenheit?

Maharaj:
Was ist Wissen? Wissen wird nur in Unwissenheit geboren und Unwissenheit ist die Mutter des Wissens.

6 - Alles ist ein Konzept

Frage:
Was ist die Bedeutung von Ich bin, dieser grundlegenden Illusion?

Maharaj:
Es bedeutet „rein", auch wenn du Nahrung dafür bereitstellen musst. Es gab mal einen *Yogi*, der die Kunst, Dinge nach ihrem Tod wiederzubeleben, studiert hatte. Eines Tages sah er im Wald einen Knochen und beschloss, seine Kunst anzuwenden, um zu sehen, wie effektiv sie war. Er sang ein *Mantra* und plötzlich erschien ein Löwe. Er hatte allerdings kein Futter für den Löwen erschaffen und als der Löwe hungrig wurde, fraß er den *Yogi* auf. Die Moral von dieser Geschichte ist, dass man, bevor man irgendetwas erschafft, Nahrung erschaffen muss. Das Ich bin wird vom Nahrungs-Körper am Leben erhalten. Das ist unser Körper, welcher die Nahrung für das Ich bin ist. Jede Kreatur ist von ihrer Nahrung abhängig und das Ich bin ist von unserem Körper abhängig. Wirst du dich daran erinnern?

Wenn du das *Mantra,* das sich auf einen bestimmten Gott bezieht, wiederholst, dann entsteht in dir diese bestimmte Qualität von Bewusstsein. *Rama, Krishna, Brahma* und *Shiva* sind lediglich Inkarnationen deines Bewusstseins. Das gleiche Bewusstsein, das Du bist sind auch diese Götter, die aus deinem Bewusstsein, versehen mit ihren verschiedenen Namen, „entstanden" sind.

Frage:
Es gibt eine Statue von Nityananda in seinem *Aschram*. Muktananda behauptet, dass Nityananda noch lebt und er mit ihm kommuniziert. Was sagst du dazu?

Maharaj:
Ich habe hier auch viele Fotos von meinem Guru. Weil mein Guru ist, weiß ich, dass Ich bin. Du meinst, dass dein Guru Nityananda ein Körper-Verstand ist, und das ist der Fehler. Das ist nicht die Art, wie ich meinen Guru sehe. Er ist mit dem Bewusstsein verschmolzen und ich sehe ihn als Das. Solange es einen Körper gibt, gibt es auch Bewusstsein und Erinnerungen. Wenn sich der Körper auflöst, ist sich das Bewusstsein keiner Sache mehr gewahr. Solange Öl vorhanden ist, brennt die Flamme, indem sie das Öl verbraucht, doch es wird kein Öl mehr benötigt, wenn die Flamme erloschen ist. Was auch immer verbrannt wurde, ist verbrannt und was auch immer übrig bleibt, bleibt weiterhin vorhanden. Wird ein Kind geboren, setzt Wachstum ein. Das Ich bin ist durchgehend in ihrem oder seinem Leben vorhanden, selbst wenn die Person hundert Jahre lang lebt. Doch das Ich bin löst sich zusammen mit dem Körper auf. Das nennt man Tod.

Ich würde gerne deine Meinung zu dem hören, was ich dir gesagt habe. Soll ich dir all dies erzählen oder lieber schweigen? Heute Morgen kam jemand, der immer wieder seinen Guru zitierte. Ich habe ihn zu seinem Guru zurückgeschickt. Menschen, die mir ernsthaft zuhören, könnten all ihre Hoffnungen und Ambitionen verlieren. Weil sie in der Welt aktiv sein wollen, sollten sie auch Hoffnungen haben. Doch wenn sie das Gefühl haben, dass sie hier nichts dazugewinnen, sollten sie lieber gehen. Warum sollte ich zu diesen Leuten sprechen, die leben und etwas erreichen wollen? Nityananda hat fast nie gesprochen, doch sein Schüler Muktananda hört nicht auf zu sprechen und hat ein Imperium erschaffen. Chinmayananda hat das genauso gemacht, obwohl er jetzt sagt, dass er aufhören will zu reden und sich in den Himalaya zurückziehen will. All meine Erläuterungen veranlassen die Menschen nur zur Untätigkeit. Warum sollte ich also reden? Aber wie dem auch sei; was auch immer ihr hier gehört habt, kann niemals ausgelöscht werden und wird seine Wirkung haben.

Frage:
Ich möchte meine Entschlossenheit, im ICH BIN zu sein, entwickeln.

Maharaj:
Gab es irgendein BEWUSSTSEIN, als du deinen Körper noch nicht hattest? Du magst so viel Vertrauen haben wie du willst, doch selbst das wird nicht mehr vorhanden sein, wenn dein Körper sich aufgelöst hat, denn dein BEWUSSTSEIN wird nicht mehr vorhanden sein. Wo bist du ohne dein BEWUSSTSEIN? Es gibt nichts für dich zu tun. Alles tritt einfach in Erscheinung und geschieht. Warum kümmerst du dich darum, was es zu tun gibt? Du setzt dich mit der Welt erst auseinander, wenn du BEWUSSTSEIN hast, wenn das ICH BIN erscheint. Wenn sich das auflöst, kommt alles zu einem Ende. Alles ist spontan.

Jede Nation hat ihre wechselnden Herrscher, die das Land regiert haben und jetzt tot sind. Kommen sie etwa wieder zurück und fragen, wie das Land jetzt regiert wird? Kommt Jesus zurück und fragt, warum du nach Indien kommst und dir all diesen Unsinn anhörst? Weil du glaubst, einer Richtung anzugehören, erhebst du einen Knüppel gegen verschiedene Glaubensrichtungen und vergießt Blut im Namen einer Religion. Unsere hinduistischen Götter sind angeblich sehr mächtig, doch haben sie irgendetwas unternommen, als muslimische und christliche Eindringlinge Indien beherrschten? Wir alle hatten Eltern. Wo sind sie, wenn sie erst einmal gestorben sind? Ihr sagt einfach, dass sie heim zu Gott gegangen sind, doch sind sie jetzt unter uns? Treten sie in Erscheinung und mischen sich in unser Leben ein? Wir suchen ständig nach einem GURU, der uns den Weg zeigen soll. Was hat Ramakrishna zu Vivekananda gesagt? Er sagte einfach: „Nimm die reife Mango und genieße sie. Frag nicht immer wieder, woher sie kommt.“

Die Sorge um den Tod berührt mich nicht im Geringsten. Warum machst du dir Sorgen um Wiedergeburt? Gib dich einfach der Erfahrung dessen hin, was in diesem Moment mit dir geschieht. Man hat mich gefragt, warum ich früher zu Leuten gesagt habe, dass viele Geburten nötig sind, damit SELBST-Verwirklichung geschehen kann. Unwissenden Menschen muss ich solche Geschichten erzählen. Wenn jemand von Erfahrungen aus seinem früheren Leben erzählt, dann frage ich ihn, ob er sich erinnert, wer seine Eltern waren: Tiere oder Menschen. Du erzählst lediglich von deinen Träumen. Jetzt weißt du, wer deine Eltern sind, doch weißt du auch, wer sie in deinem letzten Leben waren? Wenn du dich an nichts erinnern kannst, dann sag doch einfach, es ist alles aus und vorbei. Es ist nur ein Traum; vergiss es einfach.

Was andere über Wiedergeburt behaupten, dass sie von den Gedanken, die man beim Sterben hat, bestimmt wird, ist nichts weiter als ein Gerücht. Ich sage dir, wie es wirklich ist: Das ICH BIN verschmilzt mit der QUELLE. Diese Welt existiert seit Millionen von Jahren. Das Männliche und das Weibliche, *Purusha* und *Prakriti,* haben so viele Dynastien erschaffen. Was ist der Hintergrund, aus dem deine gegenwärtige Form entstanden ist? Kam sie vom Vater deines Vaters oder von der Mutter deiner Mutter? Welche Geburt ist die momentane, seit es Eltern gibt? Kannst du zurückgehen und es herausfinden? Warum trägst du diese Spannungen in dir, wenn du dich doch an nichts erinnern oder irgendetwas wissen kannst? Kümmere dich einfach nicht darum.

Wenn du dich weiterentwickelst und dich im SEIN verankerst, wirst du verstehen, dass du jenseits des Traum- und Wachzustandes bist, denn sie beziehen sich lediglich auf dein ICH BIN-SEIN. Dieses ICH BIN-SEIN ermöglicht es uns, zu beobachten. Wenn das ICH BIN-SEIN nicht vorhanden ist, dann existiert auch das zur Beobachtung notwendige Instrument nicht. Die SELBST-Verwirklichung löst das ganze Rätsel auf. Es stimmt, was Krishna in der Gita predigt. Was ich sage, bringt weder Vorteil noch Verlust. Selbst ein Blinder kann eine gewaltige Quelle beschreiben. Woher weiß er das? Es ist lediglich eine Art, seine Gedanken auszudrücken.

Dem Fluss des Lebens entsprechend, tue weiterhin, was getan werden muss. Wie sehr auch immer du dich abrackerst, ohne GOTTES WILLE gibt es nichts. Ob es deine Träume oder deine Visionen sind, was immer du siehst, ist nichts als die Erscheinung GOTTES. Es ist die QUELLE oder das BEWUSSTSEIN, das in so vielen Formen erscheint. Alles ist ein Konzept.

7 - Identifiziere dich mit dem Körper und du leidest mit dem Körper

Maharaj:
Wenn das Wissen im Begriff ist, sich zu verinnerlichen, wirst du in einem schlafähnlichen Zustand sein – selbst die Beobachtung findet nicht statt. Du wirst dich wie im Schlaf fühlen, aber es ist kein Schlaf.

Man nennt es *Udmani* und das bedeutet „jenseits der Ebene des Verstandes". Die *Yogis* und die Weisen sind in diesem Zustand jenseits des Verstandes. Es ist ein Zustand, der den Verstand transzendiert. Wenn ich spreche, spreche ich im Zustand von *Udmani* – aus dem NICHTS. Es ist ein ruhiger und entspannter Zustand.

Frage:
Ist es ein Zustand von Tiefschlaf?

Maharaj:
Auch wenn es dem Schlaf ähnelt, ist es nicht Schlaf, denn tief im Inneren ist GEWAHRSEIN oder BEWUSSTSEIN. Solange du nicht in der Stille und im Frieden verankert bist, wirst du diese Erfahrung nicht machen.

Frage:
Wenn ich lese, dann ist da manchmal eine Identität und ich

sehe mich beim Lesen. Ist das anders als der Zustand, den du beschrieben hast?

Maharaj:
Während du träumst, beobachtest du den Traum; oder nicht? In dem Augenblick ist die ganze Traumwelt vor dir ausgebreitet. Du beobachtest, was geschieht, während du gleichzeitig ein Teil dieser Traumwelt bist als einer der Charaktere, als einer der Schauspieler. Doch hier bist du ausschließlich ein BEOBACHTER. Du bist kein Schauspieler, sondern lediglich ein BEOBACHTER, während du ansonsten an dem Traum teilnimmst.

Manche GURUS geben den Schülern Übungen, die nur auf die mentalen Aspekte und Aktivitäten ausgerichtet sind. Sie verstricken ihre Schüler im Spiel des Verstandes, indem sie auf die Konzepte verweisen, die ihnen gefallen. Sie konkretisieren ihre bevorzugten Konzepte durch gewisse Aktivitäten ihrer Schüler. Lass das alles beiseite – hier geht es nicht um Bemühungen oder darum, sich auf eine höhere Ebene zu heben. Wohin wird sich dieser Funke oder diese Flamme bewegen? Wohin wird mein Vitalatem oder *Prana* gehen? Es geht nicht darum, irgendwohin zu kommen. Du musst lediglich als der BEOBACHTER gewahr sein, dann wirst du mit den fünf Elementen verschmelzen.

Wenn du dich mit dem Körper-Verstand identifizierst, musst du dich dessen Leid und Elend aussetzen und die Auswirkungen durchleben. Wenn du dich mit dem Körper identifizierst, wirst du mit dem Körper leiden. Wenn ein Schwimmer von einer Strömung erfasst wird, muss er tief unter die Strömung tauchen und an den Rand schwimmen, bevor er wieder an die Oberfläche kommen kann. Kämpft ein Schwimmer gegen die Strömung an, erschöpft er sich und geht unter. Ähnlich ist es mit dieser Strömung des Körper-Verstandes. Bevor du in Panik gerätst, tauche tief unter – lass dich nicht auf den Körper-Verstand ein. Tauche tief in den Zustand jenseits von Gedanken ein, in einen Zustand frei von Gedanken. Ich fordere dich auf, mir Fragen zu stellen, um herauszufinden, wie tief dein Verstehen ist. Die Fragen kommen vom Verstand, doch DU bist nicht der Verstand.

Es begann mit dem Wunsch, zu SEIN. Aus diesem ICH BIN kam zuerst die Luft und zum Schluss die Erde. Aus der Erde kam die Vegetation und die vielen Formen des Lebens, jede versehen mit diesem ICH BIN-SEIN. Auf Grund der fünf Elemente hast du einen Körper und in dem Körper ist das ICH BIN-SEIN. Was du als Tod bezeichnest, ist das Zurückkehren des Vitalatems in die Luft und des Körpers in die fünf Elemente. Wenn sich der Vitalatem vom Körper trennt, löst sich das ICH BIN-SEIN auf.

Wenn du als ein Mensch zu mir kommst, wird das vielleicht für deinen Lebensunterhalt von Vorteil sein, doch das ist dann der einzige Vorteil. Wenn du jedoch zu mir kommst und verstehst, dass du GOTT bist, dann wird sich dieses Wissen manifestieren. Wenn es zum Beispiel in einem Büro eine offene Stelle mit einem Gehalt von 10 000 Rupien gibt, dann wird nur ein qualifizierter Mann die Stelle erhalten, denn ein Unqualifizierter würde sich nicht lange halten. Dementsprechend können nur Menschen, die davon ausgehen, *Brahman* zu sein, dieses Wissen erlangen. Andere Menschen, die sich mit dem Körper-Verstand identifizieren, sind dafür nicht geeignet.

Du musst eine gewisse Reife erreicht haben und du musst dieses Wissens, das du erlangen willst, würdig sein. Durch das Rezitieren von „Ich bin *Brahman.*“ wirst du feinstofflich und entgehst diesem Körper-Verstand-Gefühl. Wenn du andere sogenannte GURUS aufsuchst, werden sie dir etwas über deinen Körper-Verstand erzählen und dir, wenn du bestimmte Disziplinen verfolgst, etwas gewähren. Du wirst jedoch nicht den Zustand von *Brahman* erreichen. Zuallererst musst du akzeptieren, dass du kein Körper-Verstand bist und dass du feinstofflich bist. Dieses Gefühl muss dir eingeflößt werden.

Ich sehe diesen Zustand von *Brahman*, mein SEIN (ICH BIN-SEIN), und beobachte meinen Körper – so wie ein Räucherstäbchen mit einem glimmenden Funken. Diese Chemikalie oder der Sehende ist in diesem Räucherstäbchen und wird von dem Funken verbrannt. Du musst in das Verstehen von dem, das ich dir darlege, eingeweiht werden. Ich erzähle dir von dem Samen von *Brahman*. Du musst verstehen, dass ich den Samen von *Brahman* in dich einpflanze. Dieser *Brahman*-Same ist dein SEIN (ICH BIN-SEIN), der in Form der Manifestation erblüht. Dieser Zustand von *Brahman* braucht keine Nahrung. Er hat keinen Hunger, denn *Brahman* allein umarmt alles und die gesamte Manifestation ist *Brahman*. Ich versuche, dich in diesen Zustand aufsteigen zu lassen. Glaubst du etwa, eine verwirklichte Seele zu werden, nur indem du hier an einigen Vorträgen teilnimmst? Du musst alles vergessen und mit *Brahman* verschmelzen.

Frage:
Was ist der Unterschied zwischen weltlichem Wissen und dem Wissen von *Brahman*?

Maharaj:
Du wirst es nicht verstehen, bevor sich nicht der Unterschied in dir aufgelöst hat. Solange du glaubst, der Körper zu sein, kannst du dieses Wissen nicht erlangen. Wer will etwas über *Brahman* wissen? Finde zuerst das heraus und verändere dann die Identität vom Ich des Körper-Bewusstseins zu „Ich bin eins mit *Brahman*.“ Konzentriere dich auf dieses *Brahman* anstatt auf den Körper-Verstand. Du musst dich selbst auf die richtige Weise verstehen. Du glaubst, dass ich ein Mann bin, und ein Mann zu sein bedeutet, vom Körper und vom Verstand konditioniert zu sein. Wie könntest du von diesem Standpunkt aus den Zustand von *Brahman* verstehen?

Frage:
Bedeutet das, dass das *Brahman*-Wissen lediglich auf der Tatsache, dass ICH BIN, beruht?

Maharaj:
Wer ist es, dessen Priorität es ist, dies zu verstehen, das Wissen, dass ICH BIN? Wenn du aufmerksam zuhörst und die Prinzipien verinnerlichst, wirst du dieses Körper-Verstand-Gefühl loswerden und nur noch im ICH BIN-SEIN (SEIN) beheimatet sein. Ich bin die Liebe des SEINS und das SEIN selbst ist Liebe.

Frage:
Das ICH BIN-SEIN schließt den Aspekt von „Ich bin nicht." aus; oder nicht?

Maharaj:
Du möchtest wissen, was die Verbindung, die Brücke, zwischen dem ICH BIN und dem „Ich bin nicht." ist, richtig? Halte als Allerserstes an dem ICH BIN-SEIN fest, ohne Worte, und SEI einfach. Wenn dich jemand ruft, dann reagierst du. Doch bevor du reagierst, ist da jemand in dir, der sich einerseits bewusst ist, dass nach ihm gerufen wurde, und andererseits der Notwendigkeit, darauf zu antworten.

Dieses Wesen ist das ICH BIN und es war bereits vorhanden, bevor dieses Gewahrsein erschien.

Frage:
Kommt der Lichtblitz vom SEIN – ICH BIN?

Maharaj:
In dem Moment, wenn das ICH BIN-SEIN explodiert oder in Erscheinung tritt, wird das gesamte Universum in Licht getaucht. Der gesamte Himmel ist der Ausdruck deines SEINS. Obwohl die gesamte Welt ein Ausdruck deines SEINS ist, glaubst du, dass du lediglich der Körper bist. Deine Liebe für den Körper be-

grenzt deinen Horizont. Doch in dem Moment, wenn diese Mauern einstürzen, bist du eins mit *Brahman* und dem gesamten Universum.

8 - Die Illusion scheint auf Grund der Identifikation mit dem Körper real zu sein

Frage:
Ich habe das Gefühl, dass du mich gestern „getötet" hast.

Maharaj:
Wenn du das weißt, wo willst du dann noch nach heiligen Männern *(Sadhus)* Ausschau halten und nach weiterem Wissen? Vielleicht wirst du sehr stolz darauf sein, dieses Wissen erlangt zu haben, lässt dir einen Bart wachsen, hängst dir eine Blumengirlande und Perlen um und sitzt im Lotussitz! Rajneesh hat dieses Prinzip verstanden. Er weiß, dass in all dem nichts zu holen ist, also inszeniert er eine große Show und lässt die Menschen um sich herumtanzen. Woher kommt ihr?

Frage:
Wir sind aus Frankreich. Was ist dein erfassbares Prinzip und kann dein Verstand auf den Lebensatem verweisen?

Maharaj:
Kannst du den Lebensatem mit deinem Verstand anhalten?

Frage:
Wie kann ich intellektuelles Verstehen in inneres Gewahrsein

transformieren?

Maharaj:
Kannst du deine Farbe oder die Form deines Körpers beschreiben? Sei eins mit dem Wissen, du bist bereits vollständig. Was ist es, das du integrieren willst?

Frage:
Vielleicht gibt es nichts zu integrieren. Vielleicht ist, wenn man im ICH BIN ruht, alles geklärt.

Maharaj:
Wenn du Zucker mit Wasser vermischst, kannst du sagen, dass du süßes Wasser hast. Doch gibt es einen Unterschied, wenn du Wasser mit Wasser vermischst? Nur Wasser kann völlig eins sein mit Wasser.

Frage:
Wenn du *Purusha* als die männliche und *Prakriti* als die weibliche Kraft beschreibst, dann scheinst du ihnen eine Form und Gestalt zu geben.

Maharaj:
Was ist der Unterschied zwischen der Natur und dem Menschen? Kann man zwischen Mann und Frau unterscheiden, ohne Bezug auf die Körperform zu nehmen?

Frage:
Wie könnte ich?

Maharaj:
Zeig mir den Unterschied zwischen dem Namen Gottes und meinem Namen.

Frage:
Da ist kein Unterschied.

Maharaj:
Und trotzdem bist du immer noch davon überzeugt, dass du sterben wirst.

Frage:
Ich bin jetzt nicht mehr so ganz davon überzeugt.

Maharaj:
Ist ihre Antwort für euch alle akzeptabel?

Frage (Ein anderer Besucher):
Nein.

Maharaj:
Bist du blöde? Sie kam gestern zum ersten Mal, doch du kommst bereits seit zwei Jahren. Inwiefern kannst du ihr nicht zustimmen?

Frage:
Ich kann nicht behaupten, dass ich ihr nicht zustimme, denn es ist ihre Erfahrung.

Maharaj:
Du bist immer noch nicht dieses Wissens würdig. Du hast mir seit zwei Jahren zugehört und trotzdem musste ich dich heute davon überzeugen, dass es keinen Körper gibt. Was du für den Körper hältst, ist lediglich der Nahrungs-Körper. Wenn der Körper stirbt und man ihn in Ruhe lässt, dann wird er von Würmern aufgefressen. Der Körper ist die Nahrung – das ist der Körper. Der Körper wird sterben, doch du bist nicht der Körper und wirst darum auch nicht sterben. Woher kommen also die Zweifel? Du wurdest nie geboren, also wirst du auch nicht sterben. Wenn diese Dame, die an den Gesprächen für zwei Tage teilgenommen hat, überzeugt ist und du nach zwei Jahren immer noch nicht, was hast du dann gelernt? Ich bin jenseits von Sterben und Tod. Wenn du innerhalb dieses Traumes auf-

wachst, dann hören *Maya* und die Natur auf zu existieren. Die Verhaftung mit dem Körper lässt die Illusion so real erscheinen, doch wenn der Lebensatem schließlich den Körper verlässt, hört der Körper auf zu existieren und die Identität löst sich auf.

Frage:
Letzte Nacht wachte ich mit dem Gefühl auf, dass alles nur Unsinn ist und nichts weiter als eine Illusion.

Maharaj:
All dies basiert auf einer Illusion. Wie könnte es real sein? Es ist diese Nicht-Realität, die auf Grund der körperlichen Form so real zu sein scheint. Wenn dieser Körper vergeht und verbrannt wird, endet auch die Illusion. Die Realität, die du aus der Nicht-Realität erschaffst, kann nicht von Dauer sein, weil deren grundsätzliche Basis nicht real ist.

Frage:
Ist das gesamte Universum mein Selbst?

Maharaj:
Dies alles ist dein Selbst. Aber wann wirst du essen? Solange deine Grenzen von einem Körper, der Hunger verspürt, bestimmt werden, kannst du nicht eins sein mit dem Universum.

Frage:
Was macht das für einen Unterschied?

Maharaj:
Wie alt bist du?

Frage:
Ich bin sechsundvierzig.

Maharaj:
Erzähle mir etwas über dich, aus deinem Leben, zwei Tage bevor du sechsundvierzig Jahre alt warst. Wenn du dich nicht daran erinnern kannst, wie kannst du dir dann dieses Wissen einverleiben? Dein Bewusstsein kann sich nicht diesen großen Baum, der aus einem kleinen Samen entstanden ist, einverleiben. Die Traumwelt benötigt keinen Raum. Sie existiert einzig und allein in dem Wissen, zu sein. Genauso existieren all diese Illusionen und alles Wissen nur, weil wir uns dessen bewusst sind. Der Tag und der Zeitpunkt deiner Geburt – sind sie nicht ein Produkt deines Verstandes? Wie lange hast du vor, hier zu bleiben, um dieses Wissen zu verinnerlichen?

Frage:
So lange es wichtig zu sein scheint.

Maharaj:
Ist in diesem Fall das Wissen real oder eine Täuschung?

Frage:
Eine Täuschung mit einem Lächeln.

Maharaj:
Wenn du einem kleinen Kind die Wange streichelst, wird es dich anlächeln und du wirst zurücklächeln. Das Lächeln des Kindes und deine Ausstrahlung sind dasselbe. Wird also das Lächeln des Kindes sterben? Die Qualität des Seins, genau wie das Lächeln des Kindes, kommt und geht. Wer das versteht, ist jenseits von Geburt und Tod. In der hinduistischen Tradition heißt es, dass man im Alter ein Eremit *(Sannyasi)* werden muss. Vor zwei Monaten kam der italienische Botschafter mit vier älteren Herren zu Besuch, die vorhatten, Eremiten zu werden. Nachdem sie hier an den Gesprächen teilgenommen hatten, gaben sie die Idee auf. Normalerweise dreht sich das Eremitentum *(Sannyas)* um sechs Aspekte: Die fünf Elemente und

das Wissen ICH BIN. Wenn du aber all dies verstanden hast, was macht es dann für einen Sinn, diese sechs Aspekte aufzugeben? Wenn du dir all dieses Wissen einverleibt hast und es Wurzeln geschlagen hat, wird es keine Wünsche mehr geben und du wirst mit nichts mehr verhaftet sein. Du wirst jenseits aller Wünsche und Nicht-Wünsche und von all dem unberührt sein.

Wenn dich zum Beispiel ein Taxifahrer auf der Straße sieht, bietet er dir an, dich zu deinem Ziel zu bringen. Er fährt dich immer wieder im Kreis herum, bringt dich schließlich nach Hause und verlangt dafür eine Unsumme. Am Abend trittst du aus deinem Haus und erkennst, dass du ganz in der Nähe von der Stelle, wo du hin wolltest, ins Taxi gestiegen bist. Der Taxifahrer hat dich mit großen Umwegen nach Hause gefahren. Andere Führer oder GURUS wie zum Beispiel Rajneesh machen das so. Sie zeigen dir einen langen und schwierigen Pfad, um *Brahman* oder SELBST-Verwirklichung zu erreichen. Obwohl wir mit der ganzen Welt verbunden sind und uns in ihr bewegen, ist die Wurzel unserer Verhaftungen die SELBST-Liebe – das Wissen um unsere Existenz.

Frage:
Mich sprechen deine Lehren an, denn sie sind die WAHRHEIT. Wo ist also Rajneeshs Moralgefühl und Verantwortung als Lehrer?

Maharaj:
Es ist alles nur Unterhaltung. Er weiß, dass es nicht real ist, und er will Spaß haben. Das ist seine Vorstellung und sein Konzept. Und er will eine Friedenstruppe aufstellen.

Frage:
Wenn er doch erleuchtet ist, wie kann er dann eine solche Illusion erschaffen?

Maharaj:
Es ist alles Unterhaltung. Alle seine Anhänger sind unwissend, also will er Spaß mit ihnen haben oder sie lächerlich machen. Ich habe viel *Japa* gemacht und eine Menge Buße getan, doch das hat mir nichts gebracht. Schließlich fand ich den richtigen Guru und war in dem Moment transformiert. Als ich diesen wahren Guru *(Sadguru: dies mag sich auf Maharajs eigenen Guru beziehen oder auf das Bewusstsein, Gott selbst, welcher der Guru der Gurus ist.)* fand – unfragmeniert, ganz, unbefleckt und vollständig – wurde ich Das. Hab Selbstvertrauen oder Glaube. Wenn du dieses Wissen vollständig aufgenommen hast, brauchst du keine Worte oder heilige Rezitationen, um das Absolute zu erreichen.

9 - Was auch immer erschaffen wird, basiert auf dem Wissen ICH BIN

Maharaj:
Das Aufwachen geschieht nur dem Körper.

Frage:
Etwas war sich dieses Körpers gewahr.

Maharaj:
Ohne das ICH BIN-Wissen kann der Beobachter nicht SEIN. Wen siehst du, wenn du dir nicht des ICH BIN gewahr bist? Mit diesem ICH BIN-Wissen hast du alles verhüllt. Die Welt der fünf Elemente wurde ausschließlich von diesem ICH BIN-SEIN erschaffen.

Frage:
Gibt es irgendein Wissen von dem Übergangsstadium vom ABSOLUTEN zum ICH BIN?

Maharaj:
Denke im Moment nicht über dieses Übergangsstadium nach. Beschäftige dich stattdessen mit der Tatsache, dass dein eigenes BEWUSSTSEIN das gesamte Universum ist und SEI dort. Sei vorsichtig bei Erfahrungen, bei denen du DAS als Erfahrung erlebst. Dann sei wach für das ICH BIN und alle anderen Erfahrungen werden transzendiert. Die nächste Stufe wird nur dann in Erscheinung treten, wenn du im SELBST verweilst. Wenn du davon

überzeugt bist: „Alles Bewusstsein ist mein Selbst." – erst wenn diese Überzeugung starke Wurzeln geschlagen hat, kommt deine Erhöhung auf die nächste Stufe in Frage. Verweile lange genug bei dem Prinzip dieses Zustandes. All die Großartigkeit, Bedeutsamkeit und Herrlichkeit der gesamten Welt beruht auf dem Prinzip Du bist und Ich bin. Das ist der Grundpfeiler und genau darin liegt die Großartigkeit. Es gibt kein anderes Heilmittel, keinen anderen Weg, außer absoluter Überzeugung und Vertrauen in das Selbst. Es gibt keine Alternative. Du bist immer noch zappelig.

Frage:
Der Körper hat sein Eigenleben.

Maharaj:
Du bist so aufgeregt, weil du glücklich bist, dieses Wissen erhalten zu haben. Egal was du an Wissen vernommen und intellektuell akzeptiert hast, du musst es sein. Nimm es an, dass du Das bist. Das bedeutet: keine Form und keine Gestalt. Alles, was du siehst, bezieht sich nur auf Das, auf dein Ich bin-Sein. Völlig spontan ist es! *Du* bist dieses Prinzip. Versuche nicht, dies mit deinem Verstand zu lösen. Beobachte es nur und akzeptiere es wie es ist.

Frage:
Wann erlangt man diese Erfahrungen und so weiter?

Maharaj:
Was auch immer erschaffen wird, wird von dem Wissen Ich bin erschaffen. Verfolge nicht diesen Weg, auf dem du Erfahrungen hinterherläufst. Dein eigenes Bewusstsein erschafft alles.

Frage:
Bringt die Erfahrung des Ich bin-Seins nicht auch große Einsamkeit mit sich?

Maharaj:
Habe Geduld. Ziehe keine voreiligen Schlüsse. Du stellst eine sehr tiefgründige Frage. Zuerst musst du zuhören, dann darüber nachdenken und meditieren. Erst dann kannst du solche Fragen stellen.

Frage:
Ich habe diese vollkommene Einsamkeit erlebt. Alles als „mich" zu sehen, macht sehr einsam.

Maharaj:
Warum teilst du den Beobachter immer auf? Alles bist Du.

Frage:
Und das ist die Erfahrung völliger Einsamkeit.

Maharaj:
Du hast immer noch nicht dieses kleine Überbleibsel erkannt. Zunächst ist da die Frage, ob du völlig davon überzeugt bist, kein Individuum zu sein.

Frage:
Nein.

Maharaj:
Dann stell nicht diese Frage. Erst wenn du davon überzeugt bist, kein konditionierter Mensch zu sein, konditioniert vom Körper und Verstand, kannst du solche Fragen stellen. Was ist Gott? Alle Herrlichkeit kommt vom Ich bin. Es gibt keinen anderen Weg, nur diese Überzeugung. Das ist es! Der Name und der Körper entstehen aus dem Ich bin. Wenn du hungrig bist und wissen willst, „wer" hungrig ist, dann beobachte einfach nur. Du glaubst, alles verstanden zu haben, doch das stimmt nicht. Du bist derjenige, der sich dies alles anhört. „Wer" hat dies verstanden? Du bist all das, was jemals erschaffen wurde. Nur Du existierst.

Frage:
Dieses Wissen ist ein neuer Same, der anfängt, Wurzeln zu schlagen.

Maharaj:
Wer ist dieser Same? Dieses Wissen ist uralt *(sanatan)*. Es ist aus der Ewigkeit gekommen. Vom ewigen ABSOLUTEN, welches immer vorhanden ist, erscheint ein Samenkorn und dieses Samenkorn ist das ICH BIN-SEIN. Es erscheint spontan: Seine Überbleibsel sind in uns. Dieses kleine Samenkorn geht auf und die gesamte Welt wird erschaffen. Wenn die morgendlichen Gespräche dich beeinflusst haben, dann werden alle körperlichen Disziplinen überflüssig. Sie sind überflüssig und werden keinen Einfluss auf dich haben. Erinnerst du dich an die zwei Zustände, auf die ich in dem Gespräch am Morgen Bezug genommen habe? Beide Zustände sind identisch. Sauge das auf, was ich heute Morgen zu dir gesagt habe und werde eins mit DEM. Wenn dir dies nicht zusagt oder du es nicht akzeptieren kannst, dann vergiss alles und tue, was immer du willst.

Frage:
Ich werde dich nicht verlassen, Maharaj.

Maharaj:
Im Falle eines Schülers *(Bhakta)* will der Schüler GOTT zunächst nicht verlassen. Später, selbst wenn er GOTT auffordert zu gehen, wird GOTT ihn nicht verlassen. GOTT bedeutet das Wissen ICH BIN. Das Wissen ICH BIN ist GOTT *(Bhagavan)*. Ich habe seit mehr als achtzig Jahren gesprochen, doch dieses Wissen hat mich immer noch nicht verlassen. Ist das nicht ausreichend? Was hast du zu diesem bestimmten Punkt zu sagen? Auch wenn ich versuchen würde, dieses Prinzip über Bord zu werfen, verlässt es mich nicht und selbst wenn ich wollte, kann ich nicht daran festhalten.

Frage:
Was ist dieses Prinzip, das du nicht loswerden oder festhalten kannst?

Maharaj:
Da alles Du bist, kannst du es nicht von dir abschneiden. Dieses Wissen des Ich bin-Seins ist ein Teil von dir. Wie könntest du es abwerfen und wohin könntest du es werfen? Wenn du im Sein (Ich bin-Sein) verankert bist, dann erkennst du, dass alles Du bist. Es ist alles deine Schöpfung.

10 - Ein Zustand von Verstand-los, in dem DU das NICHTS bist

Frage:
Was geschieht mit der körperlichen Hülle?

Maharaj:
Wird sie nach einer gewissen Zeit zu trockener Erde? Nein, dem ist nicht so. Wenn es regnet, wird wieder Gras auf dieser trockenen Erde wachsen.

Frage:
Maharaj, ab jetzt will ich für immer bei dir sein.

Maharaj:
Da du mich nun verstanden hast, willst du mich heiraten?

Frage:
Ja.

Maharaj:
Verstehe die Bedeutung dessen, was ich sage. Ich besitze keinen Körper-Verstand. Ich habe den Körper-Verstand transzendiert und bin nicht mit ihm identifiziert. Keiner von uns hat einen Körper oder Verstand, wer wird also wen heiraten? Es ist alles EINS. Ich bin bereits verheiratet, allerdings ohne jegliche getrennte Identität mit Name und Form. Dieses Prinzip von ICH

BIN ist deine Illusion, doch das EINS-SEIN hat diese Illusion eliminiert. Dann ist man ohne Körper oder Verstand. Das Prinzip von EINS-SEIN hat keine Form und somit haben auch das Weibliche und das Männliche keine Form – dies ist die Vermählung des Männlichen mit dem Weiblichen. In diesem Stadium wird die unfruchtbare Frau schwanger und die Nachkommenschaft wird geboren! Dies ist der ICH BIN-Zustand und dies ist das Universum. Jedoch ist dieses EINS-SEIN kein Zustand von Illusion. Möchte irgendjemand dem widersprechen oder dies in Frage stellen?

Frage:
Kannst du den höheren Zustand von Glückseligkeit erklären und ist er dasselbe wie das ICH BIN-SEIN?

Maharaj:
Glückseligkeit *(Satchidananda)* ist eine qualitativ höhere Form von Glück. Allerdings ist es keine immer währende Glückseligkeit; es ist immer noch ein Zustand des Verstandes. Verwirklichung bedeutet, dass dieser Zustand des Verstandes, diese Glückseligkeit, verschwindet oder sich auflöst in einem neutralen Zustand ohne Qualität oder Form *(Nirguna)*. Das ist Verwirklichung. Dies ist ein Zustand von Verstand-los oder Gedanken-los, in dem du ununterbrochen eine Null bleibst, ein NICHTS.

Wie alt bist du?

Frage:
Ich bin achtunddreißig Jahre alt.

Maharaj:
Was war deine Vorstellung von Glückseligkeit zwei Jahre vor deiner Geburt?

Frage:
Das weiß ich nicht.

Maharaj:
Zu dem Zeitpunkt, zwei Jahre vor deiner Geburt, hattest du keine Erfahrung bezüglich des Traum- oder Wachzustandes oder von Freude und Leid. Das heißt, du hattest überhaupt keine Erfahrungen. Kannst du dem zustimmen?

Frage:
Erfahrung benötigt einen Körper.

Maharaj:
Beantworte nur meine Frage und sag Ja oder Nein.

Frage: Nein.

Maharaj:
Bedeutet das, dass Du nicht vorhanden warst? Wer ist es, der sagt: „Ich hatte keine Erfahrungen."? Bitte äußere dich dazu.

Frage:
Vielen Dank, dass du mich nach innen getrieben hast.

Maharaj:
Wenn du im Inneren wärst, könntest du nicht wieder nach außen gehen. Wer wird nach innen getrieben? Denk darüber nach, und dann gib eine Antwort. Als Du nicht vorhanden warst gab es nicht die Frage von, dich zurück oder vorwärts zu bringen. Glückseligkeit tauchte erst in Verbindung mit der Vereinigung von männlich und weiblich auf. Ansonsten gab es keine Glückseligkeit. Du bist das Produkt dieser Glückseligkeit. Du bist achtunddreißig Jahre von dieser Glückseligkeit entfernt, doch das weißt du erst jetzt. Zu dem Zeitpunkt wusstest du es nicht. In deinen ersten drei Lebensjahren hattest du keine Vor-

stellung von dieser Glückseligkeit. Danach hattest du vielleicht ab und zu einen Schimmer davon, doch das weißt du erst jetzt. All das sind die Erinnerungen oder Überbleibsel von dieser Glückseligkeit.

Frage:
Tragen wir diese Erinnerung an das Eins-Sein so in uns als ob wir noch im Mutterleib wären?

Maharaj:
Woher weißt du das? Als du noch im Mutterleib warst, war es lediglich ein chemischer Prozess. Als diese Chemikalie ihre Arbeit vollendete, wurdest du geboren. Hat man dir das jemals erklärt, als du in Rajneeshs Aschram warst? Besagten diese Lehren, dass die Schüler diese Glückseligkeit genießen sollten? Warst du dort? Sag die Wahrheit.

Frage:
Ich habe nur eine Menge Leid erfahren.

Maharaj:
Das war nicht die Frage.Weiche der Frage nicht aus.Warst du dir bewusst, dass er Dinge in dieser Weise genossen hat – nicht er persönlich, doch hat er diese Suche nach Glückseligkeit gefördert?

Frage:
Nein, ich glaube nicht.

Maharaj:
Das sehe ich anders. Die Menschen dort tanzten und umarmten sich, sie hüpften umher und rollten auf dem Boden. Stimmt das etwa nicht?

Frage:
Ja, das geschah im Rahmen meiner Unwissenheit, als ich Erscheinungen für real hielt, doch jetzt gehe ich nicht mehr dorthin.

Maharaj:
Hast du in jener Zeit diese körperlichen Bewegungen als Freude oder *Satchitananda* bezeichnet? Wer war das, der in jenen Momenten tanzte? Kannst du das sagen? Ich will eine Antwort von dir.

Frage:
Ich befinde mich immer noch in dem Prozess.

Maharaj:
Du magst in was auch immer für einem Prozess sein, doch ich will eine Antwort. (Gelächter). Wie erreichten sie diesen Zustand von Glückseligkeit? In dem Prozess, Eltern zu werden, wurde ihnen das Glück von *Satchitananda* zuteil. Hörst du mir zu?

Frage:
Ja.

Maharaj:
Wirst du nun weiterziehen auf deiner Suche nach spirituellen Lehrern?

Frage:
Nein. In dem Moment, als ich dich sah, Maharaj, war alles vorbei.

Maharaj:
Ist derjenige, der auf der Suche nach spirituellen Angelegenheiten ist, lebendig oder tot? Im Prozess des Verstehens wurde das Selbst – das Wissen, das Bewusstsein – Geburt-los und Tod-los. *(Maharaj trinkt einen Schluck Wasser).* Kein Wasser – keine Gespräche – alles steht zum Besten. All dies geschieht nur, weil dieses Körpergefühl durch deine Adern rauscht. Wenn sich das auflöst, wird alles ein einziger Körper sein. Ich beziehe mich beim Sprechen nur auf den Körper: Innen und außen betreffen nur den Körper. Das Eine im Inneren hat weder Geburt noch Tod.

II - Das Wissen DU EXISTIERST erschafft die Welt

Maharaj:
Erinnerst du dich an das, was wir heute Morgen diskutiert haben?

Frage:
Ja, du führst mich zu diesem Punkt des Gewahrseins.

Maharaj: Selbst diese Vorstellung oder dieses Konzept zu haben, ist nicht richtig. So wie die Süße in jedem einzelnen Zuckerkorn vorhanden ist, enthält das Wissen des ICH BIN-SEINS, das da in dir ist, das gesamte Universum. Ich erläutere dieses Wissen nicht zum Nutzen für einen Menschen, für jemanden, der mit dem Körper-Verstand verfangen ist; es wird diesem Zustand von GÖTTLICHKEIT in dir dargelegt.

Frage:
Läuft die Kommunikation hier auf zwei Ebenen ab?

Maharaj:
Als du hier ankamst, warst du verfangen in deinem Körper-Verstand und die Gespräche fanden auf dieser Ebene statt. Nun finden sie in Beziehung zu deinem SEIN statt, dem ICH BIN-SEIN, welches das Universum erschaffen hat und nun in dir wie ein Rest weiterlebt. Der tiefste Kern dieses Wissens DU BIST ent-

hält das gesamte Universum. Zum Beispiel: In der Traumwelt muss das Wissen, dass Du bist, vorhanden sein, bevor die Traumwelt erschaffen wird. Dementsprechend muss für deine Welt das Wissen, dass Du bist, vorhanden sein. Das Wissen, dass Du bist, erschafft deine Welt.

Frage:
Ich verstehe die Übersetzung nicht. Das ist so, als ob da Musik im Zimmer läuft und ich taub bin und die Musik nicht hören kann.

Maharaj:
Derjenige, der taub ist, sollte nicht auf die Musik hören (Gelächter). Du bist wie eine Person, die in allen Ecken und Enden des Zimmers nach sich selbst sucht. Du suchst etwas, das bereits in dir vorhanden ist. Du kannst die Absolute Wahrheit nicht finden, wenn du im Äußeren schaust.

Frage:
Es ist so, als ob du mir auf den Schädel hämmerst, um mir zu helfen mich zu erinnern.

Maharaj:
Auch diese Vorstellung, die du da hast, ist nicht richtig. Lass dieses Gefühl, der Körper zu sein, los. Dein Körper besteht aus den fünf Elementen, aber das bist nicht Du. Dieser Körper, den du für deine gesamte Welt hältst, ist nicht von Dauer. Solange du dich mit dem Körper identifizierst, bist du eine kranke Person und nicht reif für die Selbst-Verwirklichung. Wenn du vollständig erkennst, dass Du bist, allerdings ohne von diesem Körper-Verstand konditioniert zu sein, wirst du mit der ganzen Welt eins sein. Dieses Universum wird einzig und allein von diesem Wissen erschaffen.

Frage:
Ich bin nicht fähig, die Medizin zu schlucken, die du mir verab-

reichen willst.

Maharaj:
Du musst meditieren und heilige Worte oder *Mantras* rezitieren, damit dieses Hindernis, dieses Gefühl der Körper zu sein, ausgelöscht wird.

Frage:
Wirst du mir ein *Mantra* geben?

Maharaj:
Das ist gar nicht nötig. Beobachte einfach nur das SELBST und höre den Ton, der bereits in dir vorhanden ist. Es scheint, als ob du keine Zeit hast, still und gefestigt zu sein. Zur Zeit bist du sehr mit den Gefühlen deiner Welt im Äußeren verhaftet, die von deinem Körper-Verstand-Zustand herrühren. Ignoriere die äußeren Reize und gehe nach innen, dann wirst du dein wahres SELBST finden. Du scheinst vergessen zu haben, was du hier am Morgen gehört hast, und wirfst nun weitere Fragen auf.

Frage:
Warum sollte ich mich an Erinnerungen klammern?

Maharaj:
Wer klammert sich an Erinnerungen? Das Wissen, dass DU BIST, ist feinstofflicher als der Himmel, wie kann sich also die Erinnerung daran klammern? Lass es sein.

Frage:
Vorher hast du über „Zufälle" und Lebensspannen gesprochen. Hast du dich da auf die *Bhagavad Gita* bezogen?

Maharaj:
Das war in Bezug auf Leben und Tod, nicht die *Gita*. Wenn ich spreche, dann bezieht sich das auf das ICH BIN und nicht auf mich persönlich. Solange du mit dem Körper verhaftet und identifi-

ziert bist, wirst du niemals Frieden finden. Doch wenn du die Verhaftung mit dem Körper erst mal losgeworden bist, dann könntest du König und Herrscher der Welt und dabei trotzdem in Frieden sein. Nehmen wir an, dass ich euch während dieser Gespräche etwas Unfreundliches gesagt habe. Ihr würdet dann nach Hause gehen und sagen: „Ich habe Maharaj besucht und er hat mich beleidigt." Oder etwa nicht? Wenn ich euch aber sage, dass dieses göttliche Wissen, dass DU BIST, der Schöpfer eures Universums ist und dass nach der Schöpfung die Reste in euch vorhanden sind, werdet ihr das nicht verstehen oder euch an das erinnern, was ich gesagt habe. Habe ich recht?

Frage:
Ja und Nein.

Maharaj:
Warum sagst du „Ja und Nein."? Das zeigt, dass du kein Vertrauen in mich hast. Wenn du kein Vertrauen in mich hast, solltest du gehen.

12 - Der Funke des ICH BIN-SEINS

Maharaj:
Alles entströmt dem Körper des Räucherstäbchens entsprechend seiner Farbe und seinem Duft. Darin ist seine Bestimmung eingebettet. In ähnlicher Weise ist unsere Bestimmung in den Kausalkörper eingebettet, welcher aus den von ihm konsumierten Essenzen geformt wird. Aus der Nahrungs-Essenz entstehen Körper: Würmer, Insekten usw. und auch Menschen. Die niederen Arten haben ihre eigene Art, miteinander zu kommunizieren, welche als *Vachaspati* bezeichnet wird.

Nur menschliche Wesen sind mit Intelligenz versehen und werden als *Brihaspati* bezeichnet, was „Meister der Intelligenz" bedeutet. *Shukra* bedeutet „Same oder Essenz des Lebens". Der Vater liefert die Qualität des SEINS-ZUSTANDS, welche als Samenform vorhanden ist, und das Blut der Mutter liefert die Energie. Wenn der Same erst einmal eine Form angenommen hat, verliert er seine Existenz. Ohne Nahrung oder Nährstoffe kann es kein Leben geben. Das Wissen des SEINS-ZUSTANDES ist alles. Umherzuziehen wird dir keinen Frieden bringen. Es wird immer Hoffnungen und Wünsche geben, doch wenn du schließlich verstanden und absorbiert hast, was ich sage, wirst du aufhören, vorhanden zu sein. Wer wird dann diese Wünsche haben und wer wird da sein, um sie zu genießen?

Frage:
Der Lebenswille ist stark. Diese Identifikation mit dem Körper aufzugeben, ist in gewisser Weise wie sterben. Ist es möglich, das freiwillig zu tun?

Maharaj:
Was du als den Körper bezeichnest, ist diese Nahrung, die der Treibstoff für das Bewusstsein ist. Der Verstand ist das Produkt des Lebensatems; wenn der Lebensatem fließt, dann fließt der Verstand und erschafft die Welt. Sprache ist ein äußerlicher Eindruck, der dem Kind zugefügt wird. Das Kind absorbiert den Lebensatem und beginnt dann zu sprechen. BEWUSSTSEIN ist der Wunsch, zu SEIN. Dieser SEINS-ZUSTAND will fortbestehen und will nicht ausgelöscht werden. Seine Qualität ist der Wille zu leben, welches die Liebe selbst ist. Er liebt es, zu leben. Weil er leben und sich erhalten will, erschafft er die passenden Umstände und wird in der Welt aktiv.

Frage:
Ist diese Loslösung vom Körper-Verstand nicht eine Form von Tod?

Maharaj:
Ja, es ist eine Art von Tod. (Maharaj singt ein Morgengebet). „Meinen größten Vorteil ziehe ich aus der Tatsache, dass ich diesen lebendigen Tod genieße.“ Die meisten Weisen sprechen über diesen lebendigen Tod.

Frage:
Können wir, so wie du, einen Zustand erreichen, in dem wir willens sind, diesen Tod zu erfahren?

Maharaj:
Dich Selbst verlierst du nicht. Bei diesem ganzen Prozess geht es nur darum, deine Fehl-Identifikation zu verstehen und aus ihr heraus zu kommen. Wenn du das akzeptierst, dann kann dich nichts mehr beeinflussen. Beobachte in dem Wissen, dass du nicht der Körper bist, den Lebensatem als ein Fließen des Verstandes. Du bist hier in dem Funken des Ich bin-Seins. Wenn du das Ich bin-Sein anerkennst, dann wirst du zu dem Funken. Ich bin wie der Raum und habe keine Identität – dies ist mein Ich bin-Sein, aus dem all diese Gespräche entspringen.

Nun hast du mich lange sprechen hören. Meinst du immer noch, dass all diese Spielerei wie Tanzen und Umherspringen in Rajneeshs Aschram nötig ist, um Selbst-Verwirklichung zu erreichen?

Frage:
Nein.

Maharaj:
Ein normaler Mensch, der sich von Spiritualität angezogen fühlt, ist voller Konzepte. Lässt man ihn nicht tanzen und umherspringen, wird er die Sinnlosigkeit des Verstandes und seiner Konzepte nicht verstehen. Erst dann wird er hierher kommen, um an diesen Gesprächen teilzunehmen. Chinmayananda ist ein weiterer Guru, der über die Upanishaden spricht. Wenn seine Schüler sich nicht von den Upanishaden angezogen fühlen, dann kommen sie hierher, um etwas über Selbst-Verwirklichung zu lernen. Muktanandas Anhänger sind ebenfalls hierher gekommen und sind nie wieder zurückgegangen.

Frage:
Ich habe zehn Jahre mit diesem Unsinn verbracht. Es war notwendig, denn es lehrte mich, zu unterscheiden und fähig zu sein, die diamantenen Lehren von Maharaj zu erkennen.

Maharaj:
Es gibt keinen Gott. Es gibt keine Hingabe. Ich bin weder ein Weiser noch ein Guru. Ich bin ungebildet und in keiner Weise stolz auf Wissen. Ist das für dich akzeptabel?

Der Übersetzer zu Maharaj:
Es ist akzeptabel, weil ich dir recht lange zugehört habe, doch wenn ich diese Worte bei meinem ersten Besuch gehört hätte, wäre ich niemals zurückgekommen.

Frage:
Vor zehn Jahren hätte ich nicht die Reife gehabt, um dich zu verstehen, Maharaj.

Maharaj:
Da du mir nun zugehört hast, sag mir: Was ist deine Identität, dein Name und deine Form?

Frage:
Ich bin nur von einer Sache besessen – alle Vorstellungen von Form und Gestalt loszuwerden.

Maharaj:
Es ist bereits nicht da (Gelächter), es existiert überhaupt nicht.

Frage:
Ich muss also noch tiefer gehen und es herausfinden.

Maharaj:
Wer wird etwas herausfinden? Wo ist die Person, die sich auf die Suche begibt? Du hattest eine Last von zehn Stäben, doch alle Stäbe wurden weggeworfen. Wo ist also die Last? Die Essenz der fünf Elemente ist in dir, doch bist Du die fünf Elemente? Die Süße des *Ghee* ist sehr nahrhaft, doch ich bin das nicht. Wenn du diese Blume in meiner Hand wegwirfst, werde ich dann zusammen mit der Blume weggeworfen? Ich nehme Nahrung zu mir, doch bin ich diese Nahrung? Nicht benötigte Nahrung wird ausgeschieden, doch heißt das, dass auch ich ausgeschieden werde?

13 - Der Schlüssel zur Tür des Lila

Frage:
Der Dialog, der ununterbrochen in mir stattfindet, unterbricht andauernd alles, was ich von dir höre. Was kann ich nur tun?

Maharaj:
Unser Freund, der nahe am Fenster saß, hat sich woanders hingesetzt, denn die laute Musik und der Lärm von draußen haben ihn von meinem Gespräch abgelenkt. Wo er jetzt sitzt, stört ihn der Lärm von draußen nicht mehr. In ähnlicher Weise sollten wir unsere Aufmerksamkeit von dem Geplapper in uns abwenden, es nur als Beobachter wahrnehmen und davon unberührt bleiben. Dann wird uns das Geplapper nicht stören.

Wenn wir uns dagegen wehren, wird es uns umso mehr stören. Versuche nicht zu beurteilen, ob es gut oder schlecht ist. Wenn ich dir gegenüber aufmerksam bin und du mir aufmerksam zuhörst, dann werden wir beide nicht von dem Lärm gestört, der durch die Fenster hereinkommt. Im Moment hat der Lärm da draußen von alleine aufgehört. In ähnlicher Weise wird das Geplapper in dir von alleine zur Ruhe kommen.

Frage:
Könnte man sagen, dass wenn man im SEINS-ZUSTAND verankert ist, *Maya* sagt „Ich gehe." und *Brahman* sagt „Ich bleibe."?

Maharaj:
SEI einfach. Wenn die Sonne untergeht, wird das Sonnenlicht verschwinden. Wenn also *Maya* geht, wird sich der SEINS-ZUSTAND oder das BEWUSSTSEIN einfinden. Deine Aufmerksamkeit sollte auf den SEINS-ZUSTAND fokussiert sein. Kümmere dich nicht um *Maya* oder irgendetwas anderes. In diesem Zustand wird dir *Maya* mit gefalteten Händen dienen. Anandamayi ist verankert und eins mit ihrem SEINS-ZUSTAND. Aus diesem Grund ist ihr *Maya* mit großem Wohlstand zu Diensten und jeder fällt ihr zu Füßen.

Ist dies dein erster Besuch in Mumbai? Woher kommst du?

Frage:
Ich bin alleine aus Frankreich angereist.

Maharaj:
Wer hat dich hierher geschickt?

Frage:
Ich habe das Buch „I am That" (Die deutsche Übersetzung „Ich Bin" ist in drei Teilen im Joachim Kamphausen Verlag erschienen.) gelesen. Möglicherweise wird es Monate dauern, bis ich das alles verstanden habe.

Maharaj:
Ja, sich darin zu verankern, wird etwas dauern. Das Wissen in dir muss heranreifen und sich langsam setzen.

Frage:
Ist es unvermeidlich, unter dem zu leiden, was um uns herum geschieht?

Maharaj:
Es ist nur der Verstand. Du solltest ihm nicht erlauben, sich von all dem, was du siehst, beeinflussen zu lassen. Wenn die Ge-

spräche dich irgendwie beeinflusst hätten, dann hättest du keine Fragen gestellt, die sich auf das Körper-Bewusstsein oder deine Erfahrungen beziehen. Wenn du dich permanent daran erinnerst, dass du nicht der Körper bist, werden die Auswirkungen schwächer werden.

Frage:
Es tut mir leid, dass ich so dumm war.

Maharaj:
Nur die Vorstellungen, die du zum Ausdruck gebracht hast, sind ein Ausdruck von Dummheit. Ich gab dir das Beispiel von *Paruna* (männlich) und *Paruni* (weiblich). *Paruna* bedeutet „Jugend". Wenn du dieses Wort aus dem Marathi aufteilst in „paru" und „anu", dann hast du „Baum" und „Atom". Atom bezieht sich auf den Samen. Dieser Baum existiert auf Grund des Samens oder Atoms, was dein Bewusstsein ist. All dies ist auf Grund des Bewusstseins entstanden. Was wird dann als Nächstes geschehen? Dieser Baum wird wiederum seine männlichen *(Paruna)* und weiblichen *(Paruni)* Anteile vereinigen, um weitere Samen zu erzeugen, damit weitere Universen entstehen können. Was ist also die Kraft der Jugend? Sie reproduziert sich in gleichen Ebenbildern.

Gestern erklärte ich dir, dass dieser Körper die Nahrung für andere Arten ist oder für sich selbst oder für den Erhalt seines eigenen Bewusstseins. Sobald du verstanden hast, dass du nicht für ewig in dieser Welt sein wirst, wirst du kein Bedürfnis mehr verspüren, materiellen Besitz zu horten. Hat der Name, der sich auf dich bezieht, irgendeine Form oder Farbe? Wenn dies die verzehrbare Substanz für dein Wissen ist, bist du dann der Körper? Ich esse Brot, doch ich bin nicht das Brot, das meinen Körper erhält und nährt. Bist du der Atem? Bist du die Qualität des Ich bin-Seins, die auf Grund des Nahrungs-Körpers existiert? Wenn der Nahrungs-Körper vergeht, vergeht auch der Atem.

Wie kann dann also das ICH BIN-SEIN aufrecht erhalten werden? Das ICH BIN-SEIN wird ebenfalls vergehen.

Frage:
Was ist der Fortschritt nach dem ICH BIN-SEIN?

Maharaj:
Es gibt keinen Fortschritt, es sei denn, du hast das Verständnis vom ICH BIN-SEIN. Wenn du das ICH BIN-SEIN verstanden hast, gibt es nichts weiter zu verstehen. Wenn dein ICH BIN-SEIN zusammen mit allem anderen vergangen ist, dann ist da nichts mehr. Dieses NICHTS ist dann alles. Wer ist es, der dies sagt?

Frage:
Ist es das ICH BIN-SEIN, das sagt, da ist nichts und dieses NICHTS ist alles?

Maharaj:
Wenn du das ICH BIN-SEIN erkannt hast, dann gibt es niemanden mehr, der sagen könnte, dass nichts alles ist.

(Eine Frau, die sich als GURU ausgibt, und einer ihrer Schüler sind unter den Besuchern und sie beginnt nun einen Dialog mit Maharaj.)

Der Gast-GURU:
Wenn das ICH BIN-SEIN ins NICHTS übergeht, sagt dann das NICHTS, dass da nichts ist?

Maharaj:
Zu wem spricht dein NICHTS? Stimmt es, dass sie sich als dein GURU ausgibt?

Der Schüler:
Weißt du, wer mein GURU ist?

Maharaj:
Was bringt dir das, wenn ich weiß, wer dein Guru ist? Nur wenn *du* deinen Guru kennst, kann sie oder er irgendeinen Nutzen für dich haben.

Der Gast-Guru:
Der Schritt vom Ego zum Totalen Bewusstsein fehlt mir noch.

Maharaj:
Wer sagt, dass er ihr noch fehlt?

Der Schüler:
Vom kleinen Ego zum Totalen Bewusstsein. Die Dame, die diese Frage gestellt hat, hat diesen Schritt vergessen.

Maharaj:
Wie kannst du nur sagen, dass sie das vergessen hat?Wenn du behauptest, dass sie dein Guru ist, wie kannst du es dann wagen, zu sagen, dass sie einen Fehler gemacht hat?

Der Schüler:
Wir sind eins. Ich verschmelze mit meinem Guru.

Maharaj:
Ich habe dich gefragt, ob du die Ursache erkannt hast, die die Vorführung *(Lila)* beginnen lässt? Ich will eine Antwort.

Der Gast-Guru:
Nein, ich habe die Ursache nicht erkannt.

Maharaj:
Wie alt bist du?

Der Gast-Guru:
Ich bin alterslos.

Maharaj:
Was ist das Alter deines Körpers?

Der Gast-Guru:
Dieser Körper ist ungefähr sechzig Jahre alt.

Maharaj:
Hast du das *Lila* gehört oder gesehen, als dein Körper nicht vorhanden war?

Der Gast-Guru:
Ich war das *Lila*.

Maharaj:
Das ist eine Lüge. Zu dem Zeitpunkt hattest du kein Konzept von dem Wissen Ich bin – dem Ich bin-Sein.

Der Gast-Guru:
Macht mich das zu einem Lügner?

Maharaj:
Da du ein Guru bist, versuchst du damit durchzukommen. Erst nachdem du eine Körperform angenommen hattest, hast du die Erfahrung vom *Lila* gemacht. Antworte mir, Ja oder Nein?

Der Gast-Guru:
Ich hatte die Erinnerung von dieser Erfahrung auch in einem anderen Körper.

Maharaj:
Was ist die Nahrung, die deine Erinnerung aufrecht erhält? Der Körper ist deine Nahrung; oder nicht? Dein Körper ist die Nahrung für diese Erfahrung vom *Lila* und dein Ich bin-Sein erschien erst, als dein Körper in Erscheinung trat.

Der Gast-Guru:
Die Erinnerung ist im Gehirn und es ist wie ein Computer, welcher ein Teil meines Verstandes ist.

Maharaj:
Das Gehirn entsteht erst, wenn der Körper entsteht. Als du diesen Körper noch nicht hattest, hattest du da Erinnerungen? Gib mir keine Erklärungen, sag Ja oder Nein.

Der Gast-Guru:
Ich weiß es nicht.

Maharaj:
Hattest du irgendwelche Erinnerungen, bevor dieser Körper existierte? Als der Körper nicht vorhanden war, wusstest du nicht, dass Du bist. Antworte mir, Ja oder Nein?

Der Gast-Guru:
Okay. Ja.

14 - Identifiziere dich mit dem BEWUSSTSEIN

Maharaj:
Was ist die Ursache für die Entstehung deines Körpers, was dir somit ermöglichte zu verstehen, dass Du bist? Dieser Körper wurde auf Grund der Handlungen deiner Eltern geboren. Ist das nicht so?

Frage:
Ich sehe es als Energie.

Maharaj:
Du magst es nennen, wie du willst. Sind nicht die Handlungen deiner Eltern der Grund für die Entstehung deines Körpers, welcher dein Bewusstsein aufrecht erhält?

Frage:
Sicherlich.

Maharaj:
Nachdem der Körper zu existieren beginnt, ist alles, was geschieht, ein Spiel oder eine Illusion. Welchen Nutzen hat all dies für dich?

Frage:
Für mich ist es nutzlos und sinnlos.

Maharaj:
Wenn du meinst, dass all dies *Lila* sinnlos ist und du zu der Erkenntnis gekommen bist, dass alles unreal ist, wie könnte es für dich dann von Nutzen sein? Die Weisen nennen dies Verzicht und sind nicht daran interessiert. Wenn du all dies verstanden hast, dann ist dein Körper, dein Wissen und alles andere nutzlos. Welches weitere Wissen willst du herausfinden?

Frage:
Ich will nichts weiter als gereinigt und gut werden.

Maharaj:
Welcher Name dir auch immer gegeben wurde, kannst du ihn reinigen, indem du ihn polierst? Warum sagst du also, dass du gereinigt und gut werden willst?

Frage:
Ich will ohne all dies sein.

Maharaj:
Wenn du ohne all dies sein willst, welche Form oder welches Image hättest du dann gerne. Ich möchte wissen, ob ihr alle zuhört oder nicht, wenn ich zu dieser Dame spreche. Versteht ihr, was ich sage?

Der Gast-Guru:
Ja, wir verstehen es.

Maharaj:
Bedeutet das, dass du und die Welt über Bord geworfen wurden?

Der Gast-Guru:
Ich lege mich auf nichts fest.

Maharaj:
Wer will sich auf nichts festlegen? Wie kannst du erwischt werden? Warum gibst du an? Dieses Mädchen, das mit den Dingen ringt, sie ist ein GURU! Was sagst du dazu, GURU von Ramandas? (Das Mädchen beginnt zu singen.) Dieses Lied ist unnötig. All dies ist Illusion. Auch was ich sage, ist Illusion. Die gesamte Veranstaltung hier ist lediglich der Effekt von *Maya*.

Der Gast-GURU:
Auch du, Maharaj, bist eine Illusion.

Maharaj:
Ich beobachte die *Maya.* Das Räucherstäbchen, der Funke, der Duft, der eingeatmet wird, ist alles Illusion und ich beobachte das alles. Ich mache nichts absichtlich: Ich beobachte alles nur. Verhafte dich mit nichts. Hast du alles, was ich gesagt habe, verstanden? Warum entfleucht dein Atem nicht zusammen mit dem Wind dieses elektrischen Ventilators?

Der Gast-GURU:
Ich bin hierher gekommen, um Gott zu erkennen und nicht den elektrischen Ventilator.

Maharaj:
Dieser Gott ist nur ein Wort. Was ist der Unterschied zwischen diesem Namen „Gott“ und deinem Namen?

Der Gast-GURU:
Keiner.

Maharaj:
Was willst du also über Gott herausfinden?

Der Gast-GURU:
Gar nichts.

Übersetzer:
Du hast vorhin gesagt: „Ich bin hierher gekommen, um Gott zu erkennen."

Maharaj:
Du hast die Vorstellung, ein GURU zu sein, und von dem Standpunkt aus hältst du an verschiedenen Konzepten und Vorstellungen fest. Ich bin ein freier Mann und mit gar nichts verhaftet. Das Gespräch geschieht ganz einfach.

Der Gast-GURU:
Du lachst mich aus und verstrickst mich in meinem Verstand.

Maharaj:
Solange du stolz bist und glaubst, ein GURU zu sein oder was auch immer, wirst du keinen Frieden finden. Sie sagt, dass sie kam, um *Ayurveda* zu studieren, und doch glaubt sie ein GURU zu sein.

Der Gast-GURU:
Du hast völlig recht.

Maharaj:
Du hast einige interessante Fragen gestellt. Wirst du zurückkommen?

Der Gast-GURU:
Ja, weil du so entzückend und schlau bist.

Der Übersetzer zum Gast-GURU:
Das Wort „entzückend" wird in Marathi als „pujya" übersetzt, was auch „Null" bedeutet. Meinst du also, dass Maharaj eine Null ist?

Der Gast-GURU:
Jawohl.

Maharaj:
Buddha hat die letzte Stufe als *shunyata* oder „Null“ „Leere“ beschrieben. Studierst du *Ayurveda*? Weißt du, was *Ayurveda* bedeutet?

Der Gast-Guru:
Es ist eine *Veda.*

Maharaj:
„*Ayur*“ bedeutet „Lebensspanne“. In der *ayurvedischen* Medizin erhalten sie die Lebensenergie, um das Leben zu verlängern. Ein *ayurvedischer* Arzt gibt dem Patienten eine Medizin und rettet sein Leben: Sag Ja oder Nein. Wenn der Patient leben will, dann ist die Antwort Ja, ansonsten ist sie Nein.

Der Gast-Guru:
Es ist sein Schicksal.

Maharaj:
Du hast das Wissen nicht verinnerlicht, das ich dargelegt habe.- Was macht der *ayurvedische* Arzt? Er will dieses Ich bin-Sein oder das Bewusstsein verlängern, welches in diesem Nahrungs-Körper erschienen ist.

(Die Dame spricht auf respektlose Weise und alle Anwesenden sagen Maharaj, dass er sie ignorieren soll.)

Du bist nicht die Persönlichkeit oder das Individuum. Dieser Körper ist der Nahrungs-Körper, auf dessen Grundlage das Bewusstsein erscheint. Der Lebensatem macht all die Arbeit und das Bewusstsein beobachtet dies alles. Dieser Körper ist lediglich der Nahrungs-Körper für den Verzehr und Erhalt des Ich bin-Seins. Du musst mit festem Vertrauen in diesem Seins-Zustand oder Bewusstsein verweilen, ohne dabei eine Identifikation mit dem Körper, der Persönlichkeit oder mit Namen und Form zu haben. Identifiziere dich ständig mit dem Bewusstsein.

Es wird einige Zeit brauchen, bis diese Überzeugung Wurzeln schlägt, doch bleibe beharrlich.

Dieses Bewusstsein, welches seit der Kindheit vorhanden ist, besteht kontinuierlich, bis der Lebensatem den Körper verlässt. Führe alle Aktivitäten in der objektiven Welt aus, doch beanspruche nicht die Urheberschaft für das, was getan wird. Sobald du zu verstehen beginnst, dass all die Aktivitäten durch dich geschehen und du nichts tust, werden all die Begierden wie zum Beispiel die Verhaftungen mit dem Ehemann oder der Ehefrau oder die Gier nach Geld usw. dahinschwinden. All das wird verschwinden, wenn sich das Gefühl, der Handelnde zu sein, aufgelöst hat, denn an dem Punkt wird es keine Persönlichkeit mehr geben, die Ehre für irgendetwas in Anspruch nimmt.

Was für Gedanken kommen dir bezüglich dieses bestimmten Punktes?

Der Gast-Guru:
Wenn die Überzeugung in das Ich bin-Sein oder den Seins-Zustand vorhanden ist, dann kommen diese Fragen ganz spontan. Woher kommen also diese Fragen?

Maharaj:
Wie könnte es ein Bedürfnis für diese Fragen geben, wenn das Individuum nicht mehr vorhanden ist? Wenn Fragen auftauchen, lass sie auftauchen. Dieser Körper ist vorhanden und dieser Körper spricht. Dieser Körper wurde nicht entsprechend eines spezifischen Wunsches erschaffen oder damit alles fließt – es geschah spontan. Warum also sollte ich mir Sorgen darum machen? Solange du alles auf Grund deines Nahrungs-Körpers bemisst, wird zwangsläufig deine Beziehung zu deiner äußeren Welt vorhanden sein und auch dein Bedürfnis, Rituale zu vollziehen oder etwas zu erreichen. Wenn sich das aufgelöst hat,

kannst du dich nicht mehr als Hindu, Christ oder Buddhist bezeichnen. Das sind Traditionen, die dem Nahrungs-Körper aufgezwängt wurden. Da du aber nicht der Körper-Verstand bist, haben sie keine Gültigkeit mehr.

Will dein Freund irgendwelche Fragen stellen?

Frage:
Diese Dame und ich, wir haben uns in Dharamsala getroffen. Wir sind gestern hier angekommen.

Maharaj:
Dieser Körper ist nicht der Maßstab für deine Identität. Bestätigt sich in dir dieses Prinzip? Jegliche Aktivitäten, die geschehen, sind nichts Individuelles sondern eine Manifestation. Solange du mit deinem Nahrungs-Körper verhaftet bist, musst du die Konsequenzen physischer Aktivitäten tragen. Wenn du losgelöst vom Körper-Bewusstsein bist und wenn alle Handlungen in Hingabe an *Brahman* oder *Krishna* geschehen, bist du frei von den Resultaten aller Aktivitäten. Braucht es noch weitere Erklärungen?

Frage:
Das Ego ist sehr stark.

Maharaj:
Solange du mit dem Körper identifiziert bist, wirst du die Probleme des Egos haben. Wenn Überflutungen einige Dörfer zerstören, kannst du nicht die Verantwortung oder Schuld dafür übernehmen. In gleicher Weise bist du nicht verantwortlich für das, was im Ablauf der Natur geschieht. Du hast eine begrenzte Existenz für eine begrenzte Zeit.Wenn diese Grenze erreicht ist, wirst du mit dem Absoluten *(Parabrahma)* verschmelzen und vergehen. Sobald der Lebensatem aufhört, existierst du nicht mehr. Wo ist die Wahrheit deines Seins? All diese heftige Aktivität, um etwas zu erreichen, ist nur die Wahrheit innerhalb

der Illusion. All dies war immer nur eine Illusion. Im Moment fühlst du, dass Du bist: Dies ist eine Art von Realität, doch sie wird nur für eine begrenzte Zeit existieren.

15 - Ohne den Körper gibt es kein ICH-BIN-SEIN

Maharaj:
Wer ist derjenige, der die Illusion erlebt? Kann er sich selbst sehen? Welche Identität gibst du ihm?

Frage:
Keine andere als das ICH BIN.

Maharaj:
Das ICH BIN ist vorhanden, ohne „ICH BIN" zu sagen, richtig? Gibt es noch andere Punkte, die du nicht verstehen kannst?

Frage:
Manchmal scheint es Kräfte im Universum zu geben, die mich dahin führen, wo auch immer ich hingehen soll. Warum geschieht das auf diese Weise?

Maharaj:
Aktivitäten geschehen auf Grund der drei *Gunas (Sattva, Rajas* und *Tamas),* der fünf Elemente, *Purusha* (des Beobachters) und *Prakriti* (der dynamischen Qualität oder *Maya).* Alle Aktivitäten beruhen auf diesen zehn Aspekten, die aus deinem SEINS-ZUSTAND hervorgehen.

Ein gewisser Herr Terence Stamp war für einige Tage hier. Er war ein höchst intelligenter Mann und ein großer Denker. Es ist ein Freude, mit solchen Menschen zu sprechen, denn es ist für beide Seiten erfreulich und von Nutzen. Die Leute, die nur zuhören und blindlings folgen, sollten nicht hierher kommen. Wenn sie nicht fähig sind, mein Wissen zu verstehen, dann sollten sie lieber *Japa* rezitieren. Wenn der Schüler die heiligen Worte „Ich bin *Brahman.*“ wiederholt, wird die Identität von *Brahman* schließlich zu sprießen beginnen und sich manifestieren. Erst dann wird diese Person würdig sein, an meinen Gesprächen teilzunehmen, und ist reif genug, um zu verstehen, was ich ihm sage.

Frage:
Ist die Liebe die Quelle des Ich bin oder ist das Ich bin die Quelle der Liebe? Was ist die Beziehung, falls es eine gibt, zwischen Liebe und Hass und was sind ihre Ursprünge?

Maharaj:
Ich bin-Sein, Gewahrsein ohne Gedanken, ist Liebe. Liebe kommt nicht vom Ich bin-Sein. Das Selbst manifestiert sich, wenn die Liebe sich als das Ich bin-Sein etabliert. Wenn die Liebe beginnt, die Liebe zu lieben, dann ist dies das Selbst. Wenn alles Liebe ist, dann gibt es keinen Raum für Hass. Erst wenn mir das brennende Ende des Räucherstäbchens anfängt Schmerz zu bereiten, werde ich ärgerlich und werfe es weg. Doch wenn alles Ich ist, dann gibt es keine Frage von Hass.

Frage:
Wenn das Ich bin-Sein getrennt vom Körper existiert, „wer“ erlebt dann die Reaktion auf das Räucherstäbchen?

Maharaj:
Das Ich bin-Sein *ist* auf Grund des Körpers. Ohne Körper gibt es kein Ich bin-Sein.

Frage:
Was geschieht mit dem ICH BIN-SEIN, wenn der Körper aufhört zu existieren?

Maharaj:
Wenn der Körper erschaffen wird, erscheint spontan das ICH BIN-SEIN zusammen mit dem Lebensatem. Der Lebensatem und der Nahrungs-Körper sind notwendig, um das ICH BIN-SEIN aufrecht zu erhalten. Wenn der Nahrungs-Körper vom Lebensatem fallen gelassen wird, löst sich das ICH BIN-SEIN auf.

Frage:
Wohin geht das ICH BIN-SEIN?

Maharaj:
Wohin geht diese Flamme, wenn sie ausgelöscht wird?

Frage:
Überall und nirgendwo hin.

Maharaj:
Das trifft genauso für das ICH BIN-SEIN zu.

Frage:
Beinhaltet diese Lehre die Vorstellung von Wiedergeburt und wird das ICH BIN-SEIN wiedergeboren?

Maharaj:
Solange man sich mit dem Körper und dem Verstand identifiziert, sollte man das annehmen (Gelächter).

Frage:
Danke, das passt.

Maharaj:
Dies sind alles nur Vorstellungen. Ein Dorfbewohner, der sich vor Geistern und Gespenstern fürchtet, wird Angst davor haben, alleine in der Nacht unterwegs zu sein, denn die Gespenster könnten ihn ja attackieren. Doch ein Soldat, der nicht an Gespenster glaubt, wird keine Angst davor haben, allein bei Nacht durch den Wald zu gehen. Die Unwissenden, die mit ihren Körpern verhaftet sind, werden von Konzepten wie Wiedergeburt bestimmt, während ein Mensch mit Verstehen keine Angst vor Tod oder Wiedergeburt hat. *Jnana* ist das Wissen; das ICH BIN-SEIN und *Maya* sowie das *Lila* sind die Beobachter. Das ICH BIN-SEIN ist an all diesen Aktivitäten nicht beteiligt. Ich lege dieses Wissen vom Standpunkt des ICH BIN dar, auch wenn sich mein Normalzustand das ICH BIN-SEIN anschaut.

Frage:
Wenn das Konzept vom ICH BIN-SEIN dazu tendiert, unsere Erfahrungen zu verfärben, wie können wir dann wissen, wie unsere Erfahrungen ohne dieses Konzept wären?

Maharaj:
Wenn du im SEINS-ZUSTAND Wurzeln zu schlagen beginnst, dann gibt es keine Gedanken oder Worte – DU bist alles und alles ist DU. Später wird auch das verschwinden.

Krishna vermittelte Arjuna die Erkenntnis, dass die gesamte Welt *Krishna* ist. Er erkannte, dass das Wissen ICH BIN, welches für die Manifestation des gesamten Universums steht, spontan in ihm erschienen war. Diese Verse stammen wohl aus den *Upanishaden*. Sie sind identisch. Welche Verse auch immer in der Gita enthalten sind, sie sind Teil der *Mahabharata*. Der gesamte Anteil der Gita wurde nicht von *Krishna* geschrieben, sondern wurde von Sanjeya diktiert, der im Palast saß und allen Feinden von Arjuna alles erzählte, was *Krishna* sagte. Er hatte die Fähigkeit zu sehen, was viele Meilen entfernt geschah, und wiederholte alles, was *Krishna* zu Arjuna auf dem Schlachtfeld sagte. Schließlich editierte Vyasa alles und legte es in der *Mahabharata* dar.

Vor ungefähr vier Jahren sprach ich mit Maurice Friedman, der meine Gespräche in dem Buch „I Am That" herausgegeben hatte, wobei er gewisse Aspekte hervorgehoben und seine eigenen Ansichten mit eingebracht hatte. Dieses Buch und was auch immer zu dem bestimmten Zeitpunkt darin ausgedrückt worden ist, war lediglich für den Moment von Bedeutung. Jetzt drücke ich es anders aus und auch das hätte aufgezeichnet und veröffentlicht werden sollen, denn es ist detaillierter und hebt andere Aspekte hervor.

16 - Ohne das ICH BIN-SEIN weiß das ABSOLUTE nicht, dass ES IST

Maharaj:
Nachdem mein Guru mich eingeweiht hatte, pflegte ich jegliche Zweifel mit meinen Kollegen und *Gurubandhu* (Guru-Brüdern) zu diskutieren. Eines Tages erwähnte ich gegenüber einem Freund einen ganz bestimmten Zweifel. Während eines der Gespräche unseres Gurus stellte mein Freund meine Frage an den Guru. Der Guru fragte, wer diesen Zweifel hatte, und mein Freund sagte: „Es ist Maharajs Zweifel." Unser Guru sprang plötzlich auf und sagte: „Wie bitte, du hast Zweifel?" Er sagte nichts weiter dazu, doch von dem Moment an, wann auch immer ein Zweifel auftauchte, kam auch die Antwort.

Intuition kommt entsprechend der Person, die vor mir sitzt. Nehmen wir an, jemand sitzt hier vor mir. Möglicherweise richte ich keine Frage direkt an ihn, doch vielleicht stelle ich stattdessen eine Frage an jemand anderen. Er mag in dem anderen Fragen stimulieren, ohne sich dessen bewusst zu sein. Ich kann den Entwicklungsstand der Menschen von ihrem Gesicht ablesen, doch ich spreche es nicht laut aus, denn wenn sie sich auf einem niedrigen Niveau befinden, könnten sie es als Beleidigung empfinden.

Frage:

Hast du empfohlen, vierundzwanzig Stunden am Tag gewahr zu sein?

Maharaj:
Falls du eine solche Situation erlebst, dann geschieht das auf Grund deiner noch bestehenden Identifikation mit dem Körper-Verstand und ausgehend von diesem Körper-Verstand willst du mit dem Ich bin-Sein verschmelzen.

Die Traumwelt ist eine Schöpfung deines Bewusstseins und wird auf Grund deines Bewusstseins erschaffen. Sie ist das Kind deines Bewusstseins. Wie könnte also die Frage auftauchen, dass du versuchst, mit dem Bewusstsein zu verschmelzen?

Frage:
Ich glaube, ihre Frage ist, dass sie während des Tages lieber frei von Gedanken wäre; doch in ihren Träumen ist sie sich nicht so sehr ihres Körper-Verstandes bewusst. Das bringt sie ein wenig durcheinander.

Maharaj:
Was auch immer du im Wachzustand tust, wie zum Beispiel, zu versuchen das Ego loszuwerden oder ohne Gedanken zu sein, wird sich im Traumzustand wiederholen. Stattdessen musst du in diesen Zustand eintauchen, wo alles mit deinem eigenen Seins-Zustand verschmilzt. Da alles bereits mit dem Seins-Zustand verschmolzen ist, wird sich, wenn sich schließlich dieser Seins-Zustand auflöst, alles zusammen damit auflösen. Das ist der Endzustand. Im Moment sehe ich diese Welt auf Grund des strahlenden Sonnenlichtes. Doch wenn plötzlich düstere Wolken auftauchen und die Sonne verdunkeln würden, dann würde alles verschwinden. Diese Schöpfung ist ohne einen Mutterleib. Ebenso ist diese Welt im Wachzustand ohne einen Mutterleib erschaffen worden. Es gibt keine Empfängnis, keine Geburt und keine Schöpfung. Das individuelle Bewusstsein

funktioniert während des Wachzustandes. Wenn du schlafen gehst, dann glaubst du, dass auch das Bewusstsein schlafen geht, doch das UNIVERSELLE BEWUSSTSEIN funktioniert auch, wenn du schläfst. Es ist das individuelle Bewusstsein der Persönlichkeit, das schlafen geht. Daher erkennt die Persönlichkeit nicht, dass das UNIVERSELLE BEWUSSTSEIN immer noch funktioniert oder dass das gesamte Universum ständig funktioniert.

Frage:
Ist es das UNIVERSELLE BEWUSSTSEIN oder das individuelle Bewusstsein, das alles erschafft?

Maharaj:
Diese Fragen kommen von der Konditionierung des Egos. Wenn du im ICH BIN-SEIN verweilst, gibt es keinen Egoismus – er ist völlig eliminiert. BEWUSSTSEIN erscheint, wird gesehen und ist wieder verschwunden. Es ist wie die Luft in der Atmosphäre. Der Fehler geschieht, weil wir „DAS“ BEWUSSTSEIN für das individuelle Bewusstsein halten. BEWUSSTSEIN bedeutet UNIVERSELLES BEWUSSTSEIN. Im Tiefschlaf vergisst das individuelle Bewusstsein oder die Persönlichkeit sich selbst, doch das universelle Geschehen geht weiter. Worüber auch immer du vor dem Schlafengehen meditierst oder nachdenkst, dieser Prozess setzt sich fort. Darum wird dem Rezitieren eines *Mantras* in dem Moment, wenn man einschläft, eine solche Wichtigkeit gegeben – eben damit sich dieser Prozess fortsetzt.

Frage:
Erschafft das ICH BIN-SEIN ohne Ego das BEWUSSTSEIN?

Maharaj:
Das ICH BIN-SEIN ist ohne Ego. Was danach kommt, ist der Verstand und das Ego.

Frage:
Wie fügt sich in das die Intuition ein und woher kommt sie?

Maharaj:
Die Qualität des Ich bin-Seins *ist* Intuition und Inspiration. Genauso wie wenn du einen Samen hast und ihn einpflanzt; dann muss er zu sprießen beginnen. Genauso muss die Qualität des Seins zu sprießen beginnen.

Frage:
Die Menschen sind zu sehr im Körper-Verstand-Bewusstsein verfangen, um das Ich bin-Sein überhaupt in Betracht zu ziehen. Deshalb auch meine Frage bezüglich Intuition.

Maharaj:
Egal an welcher Identität sich eine Person festhält, die Qualität der Inspiration wird dementsprechend ausfallen.

Frage:
Beeinflusst der Zustand unseres Verstandes, bevor wir einschlafen, unsere Träume?

Maharaj:
Ja. Rezitiere das heilige *Mantra* und du wirst in der Bedeutung des *Mantras* ruhen. Stell mir keine Fragen vom Standpunkt eines menschlichen Wesens, einer Persönlichkeit oder eines Individuums. Stelle Fragen in dem Wissen, dass du kein Individuum bist; identifiziere dich stattdessen mit dem Bewusstsein oder Ich bin-Sein.

Frage:
Wir sind nicht an den Klang eines *Mantras* gewöhnt. Wir brauchen die Worte, doch die Bedeutung ist nicht so stark, wie wenn wir unsere Muttersprache benutzen.

Maharaj:
Du kannst beides sagen. Du bist ein Lehrer und ich will mit dir sprechen.

Frage:
So wie ich das sehe, ist der Verstand das, was die Trennung aufrecht erhält, die wir als Realität bezeichnen. Vor „Ich bin Das." kommt das Ich bin.

Maharaj:
Du gibst dem Verstand solch große Bedeutung und glaubst, dass der Verstand der entscheidende Unterschied ist.

Frage:
Zuerst kommt das Ich bin.

Übersetzer:
Im Ich bin gibt es keinen Verstand.

Frage:
Also muss das Ich bin die Quelle des Verstandes sein.

Übersetzer:
Ja, der Verstand erscheint nach dem Ich bin-Sein, doch dieses Ich bin-sein wie auch alle Handlungen werden vom Absoluten beobachtet.

Maharaj:
Gestern sprachen wir über die zwei Teile des Räucherstäbchens, die Spitze als der Funke voller Aktivitäten und das andere Ende, das still ist und beobachtet. Der aktive Teil wird als *Maya* bezeichnet und beruht auf dem Verstand. Der nicht aktive Teil ist das Ich bin-Sein oder *Purusha*, der lediglich beobachtet. Nur wenn du dich mit dem Teil identifizierst, der nicht aktiv ist, *Purusha,* kannst du zum Beobachter des Ich bin-seins und all seiner Aktivitäten werden. Ohne dieses Ich bin-Sein, weiß das

Absolute nicht, dass Es ist. Beobachtung ist nichts Willentliches. Beobachtung geschieht für das Absolute nur in Verbindung mit dem Ich bin-Sein. Das Ich bin-Sein muss wie ein Fernglas vorhanden sein und zur Verfügung stehen, damit Beobachtung geschehen kann.

Frage:
Falls du die Position eines Beobachters empfiehlst, macht es dann irgendeinen Unterschied, welche Aktivitäten stattfinden? In welcher Beziehung dazu steht es, eine Wahl zu treffen, wenn es überhaupt eine gibt?

Maharaj:
Alle Aktivitäten, die geschehen, finden nur auf Grund des Ich bin-Seins statt. Sie haben keinerlei Auswirkung auf dieses Ich bin-Sein. Urteile wie gut und schlecht sind Aspekte des Verstandes, doch wenn du eins bist mit diesem Ich bin-Sein, dann ist in dem Zustand der Verstand nicht vorhanden.

Frage:
Dieses Universelle Bewusstsein, von dem du sprichst, ist es dasselbe wie der innere Guru oder Satguru?

Maharaj:
Wenn du vom Standpunkt des Körper-Verstande so der eines Individuums oder eines menschlichen Wesens sprichst, dann wirst du den Satguru mit dem Universellen Bewusstsein vergleichen. Doch wenn du Das wirst, dann ist, vom Standpunkt des Absoluten betrachtet, alles Eins.

17 - Ishwara ist der Ausdruck aller Formen

Frage:
Meine Meditation verläuft noch nicht in ausgeglichener Weise. Sie fühlt sich nicht rund an.

Maharaj:
Deine Vorstellungen von „nicht ausgeglichen“ und, dass es sich „nicht rund anfühlt“, sind lediglich Vorstellungen im Verstand und sie können nur vom Verstand erfasst werden.

Frage:
Das stimmt und deshalb halte ich mich am Beobachter fest.

Maharaj:
Warum festhalten? Sei entspannt und frage dich, wie es zu Anstrengungen kommt.

Frage:
Jeder Moment ist wie *Amrit* (Nektar). Das ist für mich sehr wichtig und erzeugt das Gefühl von Anstrengung statt Entspannung.

Maharaj:
Was sind diese Anstrengungen, die du in diesem Moment unternimmst und die wie *Amrit* sind?

Frage:
Ich mache alle möglichen Anstrengungen, nicht im Ego oder im Körper-Verstand zu sein.

Maharaj:
Warum ist es notwendig, sich mit dem Körper zu verstricken?

Frage:
Es ist lediglich eine Angewohnheit, die auf all den vergangenen Konditionierungen beruht.

Maharaj:
Kann ein Moment Nektar sein? Ein Moment ist ein Fragment der Zeit. *Amrit* ist Ewigkeit.

Frage:
Wenn das Ich bin in diesem einen Moment verbleibt, ist das Ewigkeit?

Maharaj:
Jegliche Momente sind wie sprühende Funken, doch das Selbst ist kontinuierlich.

Frage:
In diesen Tagen mache ich häufig die Erfahrung des Ich bin-Seins.

Maharaj:
Wer macht diese Erfahrung? Du *bist* das Bewusstsein und es gibt keine Frage, irgendeine Erfahrung zu machen. Was auch immer ist, ist das, was Du bist. Du erschaffst eine getrennte Identität.

Frage:
Ja, Trennung.

Maharaj:
Das Beobachten des *Ishwara*-Zustands widerfährt mir. *Ishwara* ist die Manifestation der fünf Elemente und des Universums. Die Beobachtung des ICH BIN-SEINS geschieht dem ABSOLUTEN. Ein Schüler *(Sadhaka),* der beginnt, im *Ishwara*-Prinzip Wurzeln zu schlagen, sollte dieses Verständnis *(Siddha)* nicht für sich beanspruchen.

Frage:
Letzte Nacht geschah eine Erfahrung (Oh je, da ist es wieder), bei der das ICH BIN so vibrierte, als ob es keinen Körper gäbe. Es war sehr intensiv.

Maharaj:
In welcher Form sahst du dieses Pulsieren?

Frage:
Es gab keine Form und keinen Körper. Etwas trieb mich dazu, still zu sitzen und es fließen zu lassen.

Maharaj:
Egal was für Gefühle oder Vibrationen du auch hast, sie sind nur das Produkt der fünf Elemente.

Frage:
Ist das nicht der Lebensatem oder der Zustand des ICH BIN-SEINS?

Maharaj:
Zusätzlich zu den fünf Elementen gibt es die drei *Gunas* (Typologien von Verhaltensweisen), *Purusha* (das männliche Prinzip) und *Prakriti* (das weibliche Prinzip). Diese zehn Facetten sind die Ausdrucksformen deines SEINS-ZUSTANDES. Mein Konzept, dass DU den Körper-Verstand transzendierst, welches du akzeptierst, ist nur für den spirituellen Suchenden, der noch in den Kinderschuhen steckt. Jetzt spreche ich aber zu einem

Schüler, der bereits begonnen hat, Wurzeln im SEINS-ZUSTAND zu schlagen. Diese erste Lektion sollte also bereits vorüber sein. Die gesamte Manifestation deiner Welt und deines Universums ist lediglich ein Ausdruck und eine Manifestation deines SEINS-ZUSTANDES. Das BEWUSSTSEIN oder *Ishwara* bezieht sich nicht auf ein Individuum. *Ishwara* ist der Ausdruck aller Formen.

Gerade hörst du dem zu, was ich sage. Wenn du von hier fortgehst und mit anderen Menschen sprichst, wirst du sagen, dass Maharaj sehr viel gesprochen und die Verwirrung nur noch vergrößert hat.

Frage:
Absolut nicht. Es ist nur so, dass alles so klar ist und so schnell geschieht. Außerdem gibt es keine Ausweichmöglichkeit.

Maharaj:
Dieses *Brahman* (oder *Ishwara)* und diese Manifestation sind SELBST-erschaffen, doch innerhalb dessen versuchst du, die Dinge zu verändern.

Frage:
Das BEWUSSTSEIN erspürt, dass es *Ishwara,* dass es alles ist. Dann taucht spontan der Wunsch auf, Dinge zu modifizieren oder ins Gleichgewicht zu bringen, und in dem Moment geschieht alles andere und es wird einem klar, dass man nichts ins Gleichgewicht bringen kann, ES IST.

Maharaj:
Das wird ununterbrochen geschehen, doch du bist nicht darin verfangen. DU bist davon unberührt.

Frage:
Darum ist es für mich so hilfreich, hier zu sein.

Maharaj:
Und trotzdem sind Delhi und die Welt weit, weit entfernt! Diese Chemikalie, dieser Bestandteil, ist dein Ich bin-Sein und es wird vom Verzehr dieses Nahrungs-Körpers aufrecht erhalten. Das Absolute beobachtet dieses Ich bin-Sein, das vom Nahrungs-Körper aufrecht erhalten wird. Ist das klar? Nachdem einige Zeit im Wachzustand vergangen ist, ist Ruhe vonnöten und somit gerät das Ich bin-Sein in Vergessenheit. Es begibt sich zur Ruhe und vergisst sich selbst. Im Moment magst du das nicht so ganz verstehen, doch wenn du im Seins-Zustand Wurzeln geschlagen hast, wirst du begreifen, auf welche Weise Du jenseits des Wach- und Schlafzustandes existierst, denn sie sind beide nur ein Ausdruck deines Seins-Zustandes. Der Wach- und Schlafzustand beziehen sich nur auf dein Ich bin-Sein. Wir sind nur auf Grund des Ich bin-Seins in der Lage zu beobachten. Wenn das Ich bin-sein nicht vorhanden ist, ist auch das Werkzeug zum Beobachten nicht vorhanden.

Während du mir zuhörst, geschieht Folgendes: Du hängst immer noch gewissen Vorstellungen über das Bewusstsein nach. Wenn meine Worte mit deinen Konzepten übereinstimmen, dann bist du glücklich. Doch ich will alle deine Konzepte zerstören und dich in einem „konzeptlosen Zustand“ verankern. Unser Staatsoberhaupt, Morarji Desai, hat klare Vorstellungen von Gott, die er nicht verändern will. Eine Dame, die hierher kommt, kennt ihn und gab ihm und seinem Bruder zwei Bücher mit meinen Gesprächen. Morarji überflog diese Bücher lediglich und sagte: „Ich stimme dem nicht zu.“ „Ich stimme dem nicht zu.“, bedeutet: „Es deckt sich nicht mit meinen Konzepten, also kann ich es nicht akzeptieren.“ Er wollte sich seine Konzepte nicht zerstören lassen, doch sein Bruder war verblüfft und sagte: „Das hat irgendwie Sinn.“

Frage:
Das heißt also, wenn ich tief im Inneren bin, dann ist alles weg und es gibt kein Ich bin?

Maharaj:
Dieses Ich bin-Sein verschmilzt mit dem Absoluten.

18 - Glossar

Ayurveda - Altindische medizinische Wissenschaft und Lebenslehre

ayurvedisch - Adjektiv zu Ayurveda

Brahma - Gott der Hindutrinität – der Schöpfer des Universums

Brahman - das ABSOLUTE, die ENDGÜLTIGE REALITÄT

Dharma - Verhaltenskodex

Ghee - geklärte Butter

Ishwara - GOTT

Krishna - Avatar von Vishnu

Mahasamadhi - Tod eines spiriutellen Lehrers

Mantra - heiliger Gesang

Mula-Maya - die grundlegende Illusion

Paramatma - die HÖCHSTE SEELE

pujya - äußerst angesehen

Rama - Avatar von Vishnu und Held aus dem Ramayana-Epos

Samadhi - eines der letzten Stadien der Meditation; Einheit

Satguru - wahrer Meister

Shankara - Name von Shiva

Shiva - Gott der Hindutrinität – Gott der Zerstörung

Shiva Shakti - männliche und weibliche kosmische Energie. Shiva ist die maskuline, transzendente, ewige Energie, und Shakti ist die weibliche, aktive, vergängliche Energie

Veda - große Textsammlung aus dem alten Indien – die ältesten Schriften des Hinduismus

Vishnu - Gott der Hindutrinität – bekannt als der Bewahrer und Retter

Yoga - Vereinigung des individuellen Bewusstseins mit dem ABSOLUTEN durch systematisches Praktizieren von Meditation, basierend auf dem achtfachen Pfad, wie er vom altertümlichen Heiligen Patanjali entwickelt worden ist

Yogi - jeder, der Yoga als Methode zur Gottes-Verwirklichung praktiziert: Mann oder Frau, Einsiedler oder Familienoberhaupt

yogisch - Adjektiv zu Yoga

Auch von Lotus-Press

Wang Ning

HAI - Das Meer: Geschichte eines Schriftzeichens

Das Meer -HAI- ist die Mutter allen Wassers und stellt damit auch unser eigenes innewohnendes Potenzial dar. Erinnern Sie sich wieder daran und genießen Sie die Schönheit der Worte und der chinesischen Schriftzeichen. Der Kalligraph Wang Ning entführt Sie in diesem Buch mit seinen Kalligraphien, Worten und Schriftzeichen rund um das Meer für einen bezaubernden Moment lang in eine andere Welt. Die Geschichte eines Schriftzeichens.

ISBN

- Paperback: 978-3-935367-18-9

Chen Kaiguo, Zheng Shunchao
Der geheime Meister vom Drachentor

Inmitten der Wirren der Kulturrevolution, die Zehntausenden von Taoisten den Tod bringt, wird der junge Wang Liping von drei daoistischen Meistern zum größten Heiler, Schamanen und Magier Chinas ausgebildet. Dieses Buch erzählt die dramatische Lebensgeschichte Wang Lipings (geb. 1949), des Linienhalters der legendären Drachentorschule des Daoismus. Ein einzigartiger Einblick in die geheime Meisterschulung - spannend wie ein Roman, reich an Wissen und Weisheit.

ISBN

- Paperback: 978-3-935367-47-9

Jan Silberstorff
Laozi's Dao de Jing

Das „Dao De Jing" (alte Schreibweise:Tao Te King) ist Weltliteratur. Geschrieben vom „Alten Meister Laozi", ist es eines der ältesten und bekanntesten Bücher dieser Erde. Und obwohl es dutzende Übersetzungen und auch Kommentare dazu gibt, ist dieser Kommentar von Meister Jan Silberstorff doch vollständig anders, denn er entspringt einer gelebten Erfahrung, keiner intellektuellen Überlegung. Er ist ein Brückenschlag zwischen Ost und West, zwischen Herz und Verstand und zwischen Theorie und Praxis.

ISBN Band 1 - DAO

- Hardcover: 978-3-935367-03-5
- eBook: 978-3-935367-83-7
- eBook Kindle: 978-3-935367-78-3

ISBN Band 2 - DE

- Hardcover: 978-3-935367-20-2
- eBook: 978-3-935367-95-0
- eBook Kindle: 978-3-935367-94-3

Gerhard Milbrat

Himmel-Erde-Mensch: Einführung in die Alchemie des Qigong

Eine Einführung ins Qigong, die für jeden Übungslevel das Richtige bietet.

Die Verknüpfung der vorgestellten Übungen mit den acht Stufen der inneren Alchemie ermöglicht auch dem Geübten weitere vertiefende Einsichten. Ein empfehlenswerter Brückenschlag von den traditionellen östlichen Lehren und Praktiken zum modernen westlichen Menschen mit großen praktischen Nutzen für den Alltag.

ISBN

- Paperback: 978-3-935367-70-7

Joachim Stuhlmacher

Die Medizin des Dao - Die 12 Organsysteme der Chinesischen Medizin 1: Herz / Xin

Auf der ersten DVD (inkl. Begleitbuch) beschreibt der Autor den spirituellen Hintergrund der Klassischen Chinesischen Medizin und schafft es, dieses Wissen auf unsere heutige westliche Welt zu übertragen. Das 1. Organsystem Herz/Xin wird detailliert mit seinen Funktionen und insbesondere in seiner psychologisch-geistigen Ebene erläutert. Erstmals in deutscher Sprache wird hier tiefgreifendes antikes Wissen in moderner Form für den westlichen Menschen nachvollziehbar und verständlich aufbereitet.

ISBN

- DVD mit Begleitbuch: 978-3-935367-05-9 (auch als VideoOnDemand erhältlich)
- Paperback: 978-3-935367-23-3

Joachim Stuhlmacher

Die Medizin des Dao - Die 12 Organsysteme der Chinesischen Medizin 2: Lunge / fei

Das Organsystem Lunge/Fei wird detailliert mit seinen Funktionen und insbesondere in seiner psychologisch-geistigen Ebene erläutert.

ISBN

- DVD: 978-3-935367-02-8 (auch als VideoOnDemand erhältlich)

Joachim Stuhlmacher
Die 8 Brokate

Die 8-Brokate-Methode des Qigong gibt es bereits seit mehr als 1200 Jahren. Diese Übungen sprechen alle Organe an.

Wer nur für eine Qigongreihe täglich Zeit hat und dennoch das gesamte Wirkspektrum des Qigong erfahren möchte, der liegt bei den Brokaten genau richtig.

Im zweiten Teil geht es unter anderem um die Vertiefung der körperlichen Aspekte beim Üben der 8 Brokate und die Vorstellung von Methoden und Tricks, tiefer in die Entspannung zu kommen.

ISBN

- DVD 1: 978-3935367-39-4 (auch als VideoOnDemand erhältlich)
- DVD 2: 978-3935367-76-9 (auch als VideoOnDemand erhältlich)

Dr. Heiner Fruehauf
Schüttel Dich Frei - Die Grundlagenübung des daoistischen Jin Jing Qigong

Das original daoistische Jin Jing Qigong ist eine klassische Qigongmethode aus den Emei-Bergen. Dr. Heiner Fruehauf ist einer der versiertesten westlichen Meister des Qigong. Er wurde direkt von Prof. Wang Qingyu als Linienhalter der alten Traditionslinie des Jin Jing Qigong ausgebildet.

Enthält:
- Theorie (ca. 22 Minuten)
- Praxis / Tou (ca. 47 Minuten)
- Praxis / Tou (30 Minuten)

ISBN
- DVD: 978-3-935367-50-9 (auch als VideoOnDemand erhältlich)

Hilmar Hajek (Komponist), Ning Wang (Sprecher)
Auf dem Melonenfeld unter dem Pflaumenbaum: 12 chinesische Weisheitsgeschichten

Wang Ning erzählt 12 kleine Geschichten aus seinem Heimatland. Genießen Sie die dahinter verborgenen alltäglichen Lebensweisheiten. Untermalt werden diese Geschichten mit einer eigens hierfür komponierten wunderbaren Musik von Hilmar Hajek. Lassen Sie sich für einige Augenblicke in eine andere Welt entführen...

Gesamtspieldauer 70.41 min

ISBN
CD: 978-3-935367-66-0 (auch als mp3-Download)

Joachim Stuhlmacher
Kraft aus der Stille - Der Universumsstand

Qigonglehrer Joachim Stuhlmacher leitet auf dieser Doppel-CD Variationen der Standmeditation, der grundlegenden Übung des Qigong, an.

Tracks CD 1:

1. Der Universumsstand "Yin" (35:21 Min.)
2. Der Universumsstand "Yin instr." (35:21 Min.)

Tracks CD 2:

1. Der Universumsstand "Yang leicht" (21:37 Min.)
2. Der Universumsstand "Yang" (51:18 Min.)

ISBN

- Doppel-CD: 978-3-935367-35-6 (auch als mp3-Download erhältlich)

Joachim Stuhlmacher
Der kleine himmlische Kreislauf

Anleitung zur grundlegenden Übung der daoistischen "Inneren Alchemie"

Tracks

CD 1

1. Vorübung zur Stärkung des Qi (30 Min.)
2. Vorübung zur Stärkung des Unterleibes (26 Min.)
3. Der kleine himmlische Kreislauf mit Atemführung (18 Min.)

CD 2

1. Der kleine himmlische Kreislauf für Fortgeschrittene (74 Min.)

ISBN

- Doppel-CD: 978-3-935367-45-5 (auch als mp3-Download erhältlich)

Joachim Stuhlmacher
Den Rücken stärken

Dieses Übungsprogramm stärkt den Rücken und ist für Menschen mit oder ohne Qigong-Erfahrung geeignet. Die Übungen werden im Sitzen oder Liegen ausgeführt, können also auch bei starken Rückenproblemen praktiziert werden. Durch regelmäßiges Üben erreichen Sie Schmerzlinderung, eine allgemein bessere Gesundheit und: mehr Lebensfreude!

Tracks:

1. Wiegendes Meer (35:51 Min.)
2. Strahlende Kraft für die Nieren (20:00 Min.)
3. Das Kreuzbein öffnen, die Knochen stärken (18:15 Min.)

ISBN

- CD: 978-3-935367-38-1 (auch als mp3-Download erhältlich)

Joachim Stuhlmacher
Mensch ärgere dich nicht

Qigong-Übungen zur Stärkung der Wandlungsphase Holz und Reinigung der Organsysteme Leber / Galle

Die Wandlungsphase Holz und deren Organsysteme Leber und Galle haben weitreichende Funktionen im Körper. Typische Beschwerden bei einer Disharmonie sind ständig wiederkehrender Frust, Zorn, Trauer oder Mutlosigkeit, aber auch scheinbar völlig verschiedene körperliche Symptome.

Tracks:

1. Die Grundstellung und die Schüttelübung zur Öffnung wichtiger Energietore (27:25Min)
2. Der Laut "Xu" zur Reinigung und Stärkung von Leber und Galle (17:17 Min.)
3. Den Himmel mit beiden Händen tragen (17:21 Min.)
4. Handschieben im tiefen Reitersitz (7:35 Min.)

ISBN

- CD: 978-3-935367-06-6 (auch als mp3-Download)

Joachim Stuhlmacher und Andreas Seebeck
Tinnitus lindern mit Qigong

Qigong bedeutet "Arbeiten mit der Lebenskraft". Das exakte Wissen um den Fluss dieser Kraft in unserem Körper hat schon vor Jahrtausenden die Grundlage der chinesischen Medizin gebildet. Aus dieser Sicht ist Tinnitus eine Störung der Funktionskreise Niere und Leber. Auf der CD werden Übungen angeleitet, die genau diese Funktionskreise stärken. Tägliches Üben vorausgesetzt, sind diese Übungen schon nach kurzer Zeit auch dem allgemeinen Gesundheitszustand sehr zuträglich.

Tracks:

1. Bewegungsübungen (32:36 Min.)
2. Atemübung (11:44 Min.)
3. Energiepunkt-Massage (8:55 Min.)

ISBN

- CD: 978-3-935367-30-1 (auch als mp3-Download, bzw. Booklet auch als Kindle eBook erhältlich)

Joachim Stuhlmacher

Den Tag erhellen - Das Gute-Laune-Qigong gegen depressive Stimmungen

Aus Sicht der Chinesischen Medizin entstehen Depressionen oder 'schlechte Laune' aus einer Disharmonie verschiedener Organsysteme wie beispielsweise 'Herz', 'Leber', 'Lunge' und 'Herzbeutel'.

Tracks:

1. Einführung (8:30)
2. Das große Lächeln (18:14)
3. Den Brustkorb weiten, die Freude wieder entdecken (17:35)
4. Das Schütteln und die heilenden Laute (17:28)
5. Das Mudra zur Erweckung der 'Weisheit des Herzens' (11:59)

ISBN

- CD: 978-3-935367-32-5 (auch als mp3-Download, bzw. Booklet auch als Kindle eBook erhältlich)

Joachim Stuhlmacher
Schlafe gut und erholsam

Selbsthilfe mit Qigong bei Schlafproblemen.

Schlafstörungen sind vielfältig und weit verbreitet. Hier bietet Qigonglehrer Joachim Stuhlmacher effektive Übungen, um eine erholsamen Schlaf wiederzufinden. Auch gegen Unruhezustände, Nervosität, Schwäche, Schwindel, Herzrasen.

Tracks:

1. Stille fördern, die Nierenkraft stärken (24:38 Min.)
2. Die Zehenübung zur Förderung der Beinkraft (21:37 Min.)
3. Das Mantra "Om A Hong" zur Harmonisierung des Qi (11:35 Min.)
4. Den Geist beruhigen, das Herz entlasten (20:04 Min.)

ISBN

- CD: 978-3-935367-33-2 (auch als mp3-Download erhältlich)